中国民航并购的
经济学效应研究

马文良 著

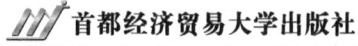

首都经济贸易大学出版社
Capital University of Economics and Business Press
·北京·

图书在版编目（CIP）数据

中国民航并购的经济学效应研究/马文良著．--北京：首都经济贸易大学出版社，2023.7

ISBN 978-7-5638-3507-2

Ⅰ．①中… Ⅱ．①马… Ⅲ．①民用航空—航空运输企业—企业兼并—研究—中国 Ⅳ．①F562.6

中国版本图书馆 CIP 数据核字（2023）第 070895 号

中国民航并购的经济学效应研究
马文良　著
ZHONGGUO MINHANG BINGGOU DE JINGJIXUE XIAOYING YANJIU

责任编辑	陈雪莲
封面设计	风得信·阿东 FondesyDesign
出版发行	首都经济贸易大学出版社
地　　址	北京市朝阳区红庙（邮编 100026）
电　　话	(010) 65976483　65065761　65071505（传真）
网　　址	http://www.sjmcb.com
E - mail	publish@ cueb.edu.cn
经　　销	全国新华书店
照　　排	北京砚祥志远激光照排技术有限公司
印　　刷	北京建宏印刷有限公司
成品尺寸	170 毫米×240 毫米　1/16
字　　数	169 千字
印　　张	10
版　　次	2023 年 7 月第 1 版　2023 年 7 月第 1 次印刷
书　　号	ISBN 978-7-5638-3507-2
定　　价	45.00 元

图书印装若有质量问题，本社负责调换

版权所有　侵权必究

前　言

企业横向并购对行业的发展有深远的影响，是经济学理论界和实务界研究的热点问题。经济学理论认为，一方面，横向并购造成并购企业市场份额显著增加，甚至造成垄断，导致市场价格上升，损害市场竞争；另一方面，横向并购通过整合企业资源，实现企业生产的规模效应，能够降低运营成本，提高运营效率。特别是当市场中的竞争充足时，横向并购并不会损害市场竞争和消费者福利。鉴于横向并购对市场竞争和消费者福利的显著影响，研究横向并购的经济学效应有重要的意义。

民航企业并购作为典型的横向并购案例，备受国内外学者关注。当前，中国民航市场已成为仅次于美国的世界第二大民航市场，中国市场上的民航企业并购对国内、国际民航市场都有深远的影响，但国内研究中对民航企业并购经济学效应的关注还相对匮乏，且以定性研究为主。

本书立足于中国民航市场 2010 年发生的两大企业并购案例——中国国际航空和深圳航空的并购、中国东方航空和上海航空的并购，基于并购的市场势力理论和效率理论，应用跨度十年的航空公司-航线层面的票价、客运量数据，实证分析两大并购案例的经济学效应。具体而言，在综述中国民航市场现状的基础上，本书对两大并购产生的国际民航市场竞争力效应、国内民航市场价格效应、国内民航市场多市场接触效应和串谋效应，以及国内市场民航乘客的消费者福利效应进行分析。书中应用双重差分模型、离散选择嵌套 Logit 模型、消费者福利模型等经典模型，使用随机效应回归、固定效应回归、工具变量回归、差分 GMM 回归等研究方法，对中国民航并购的经济学效应做了细致、全面的定量分析。基于实证分析结果，本书可以为国家反垄断机构、地方政府及航空公司决策人员提供政策建议。

本书共七章，旨在为读者提供中国民航企业并购经济学效应分析的新案例和新思路，拓展这个方向的实证研究方法和数据应用。本书适合多层次人员阅读，如经济学、管理学等应用专业的研究生及研究人员，以及政府、航空公司相关部门的管理人员。

由于时间和精力所限，本书尚存在一些待完善之处。敬请读者提出宝贵意见，便于以后改正。

感谢首都经济贸易大学出版社的编辑，他们的认真审稿和辛勤工作是本书出版的保证。本书的原型为我的博士学位论文，感谢我的博士导师王强教授的辛勤指导和无私帮助。

目录 CONTENTS

1 引言 ··· 1
   1.1 研究背景 ··· 1
   1.2 研究的实践与理论意义 ·· 4
   1.3 研究的方法与思路 ··· 6
   1.4 研究的创新之处 ··· 7
   1.5 研究的目标和内容 ··· 8

2 理论基础和文献综述 ··· 11
   2.1 理论基础 ·· 11
   2.2 文献综述 ·· 16

3 民航市场概况 ·· 41
   3.1 国内民航市场概况 ·· 41
   3.2 国内航线市场势力分析 ······································· 43
   3.3 国际民航市场概况 ·· 49
   3.4 国际航线市场势力分析 ······································· 51
   3.5 并购发生前后相关数据对比 ································ 53

4 中国民航并购的国际竞争力效应 ······························· 56
   4.1 引言 ·· 56
   4.2 模型 ·· 58
   4.3 数据及变量 ··· 62
   4.4 计量结果与分析 ·· 64
   4.5 结论及讨论 ··· 71

5 中国民航并购的价格效应 ··· 73
   5.1 引言 ·· 73

5.2　模型 ……………………………………………………………… 75
　　5.3　数据及变量 …………………………………………………… 77
　　5.4　计量结果与分析 ……………………………………………… 79
　　5.5　结论及讨论 …………………………………………………… 87

6　中国民航并购的多市场接触效应 ………………………………… 89
　　6.1　引言 …………………………………………………………… 89
　　6.2　多市场接触竞争理论 ………………………………………… 91
　　6.3　多市场接触的衡量指标 ……………………………………… 92
　　6.4　模型与变量 …………………………………………………… 94
　　6.5　计量结果与分析 ……………………………………………… 97
　　6.6　结论及讨论 …………………………………………………… 105

7　中国民航并购的消费者福利效应 ………………………………… 107
　　7.1　引言 …………………………………………………………… 107
　　7.2　消费者效用模型 ……………………………………………… 108
　　7.3　消费者福利模型 ……………………………………………… 110
　　7.4　数据及变量 …………………………………………………… 111
　　7.5　计量结果与分析 ……………………………………………… 113
　　7.6　结论及讨论 …………………………………………………… 128

8　总结与展望 ………………………………………………………… 129
　　8.1　主要结论 ……………………………………………………… 129
　　8.2　政策建议 ……………………………………………………… 130
　　8.3　研究不足和未来展望 ………………………………………… 132

参考文献 ………………………………………………………………… 134

附录A　样本中国内航线列表（以客运量大小排列） ……………… 150

附录B　样本中国际航线目的地列表 ………………………………… 152

附录C　三大联盟航空公司列表 ……………………………………… 153

1 引　　言

1.1 研究背景

截至目前，西方国家已出现六次较大规模的企业并购浪潮，中国企业也经历了三次并购浪潮[①]。企业并购对行业的发展有深远的影响，一直是经济学理论界和实务界研究的热点问题之一。横向并购是一种重要的企业并购类型。经济学理论认为，横向并购显著增加并购企业的市场份额，甚至造成垄断，导致市场价格上升，损害市场竞争。但同时横向并购通过整合企业资源，实现企业生产的规模经济效应，能够降低运营成本，提高运营效率。特别是当市场中的竞争充足时，横向并购并不会损害市场竞争和消费者福利。鉴于横向并购对市场竞争和消费者福利的显著影响，研究横向并购的经济学效应有重要的意义。民航领域的并购是横向并购的重要表现形式，一直是国外学者关注的重要经济学问题。中国民航市场是世界上第二大民航市场，民航并购对中国民航市场、国际民航市场都有深远的影响，是非常值得研究的问题。但国内研究中对民航并购经济学效应的关注却相对匮乏。本书立足于中国民航市场上2010年发生的两大并购，实证分析中国民航企业并购的经济学效应。

当前中国民航业的市场结构是在经历2002年民航业重组后逐渐形成的。2002年，中国民用航空局（以下简称"民航局"）正式出台《民航体制改革方案》，民航业第一次重组整合。民航局在其直属的9家航空公司和4家服务保障企业基础上，联合组建了中国国际航空集团公司（以下简称"国航"）、

[①] 中国企业的并购浪潮分别发生在1984年、1992年和2002年之后。详见：《寡头之路：我国企业的三次并购浪潮》，经股网，www.jinggukeji.com。

中国东方航空集团公司（以下简称"东航"）、中国南方航空集团公司（以下简称"南航"）三大航空运输集团，以及中国民航信息集团公司、中国航空油料集团公司、中国航空器材进出口集团公司三大航空服务保障集团，初步构建了三足鼎立的民航市场格局，三家大型航空运输集团约占当年全部市场份额的70%。地方国有航空公司、民营航空公司与三大航空巨头相比，占据的市场份额较小。民航运输市场呈现出以国航、东航、南航三大国有航空运输集团为主体的寡头垄断格局，国内民航市场集中度大大上升。

2002年的民航重组完成后，民航局于2005年出台了《国内投资民用航空规定》，放宽了对民航业国内投资的管制和准入政策，首批民营航空公司（鹰联、春秋、奥凯、华夏、翡翠）于这期间成立。但是，航空票价在此期间仍严格受政府指导，并且于2007年民航局重新停止了新民营航空公司进入市场的受理，在此阶段，国内民航市场集中度和三大航空巨头市场占有率有所下降，但由于严格的价格管制，并未引发价格战。

2009—2010年，东航收购上海航空股份有限公司（以下简称"上航"），国航拥有深圳航空股份有限公司（以下简称"深航"）51%的股份，三大航空巨头市场占有率回到76.8%的高位[①]。地方、民营航空公司则被进一步边缘化。同时，全球金融危机使得航空公司引进新飞机和设备的速度放缓，供给减速，国内民航企业的议价能力显著提高。时任中国民用航空局局长李家祥曾公开表示：要通过政府引导、市场运作，推动联合重组，壮大企业规模，形成两三家大型网络型航空公司。东航与上航的并购（以下简称"东上并购"），以及国航与深航的并购（以下简称"国深并购"）即为实现此愿景迈出的第一步。下面简要介绍两大并购发生的背景。

2008年，国务院国资委提出要求，2010年前要将153家中央企业并购重组到80～100家。民航局也提出支持民航业的并购重组（李春玲和王彧，2013）。2009年3月，国务院颁布了《关于推进上海加快国际金融中心、国际航运中心建设的意见》。根据上海市政府规划，在2010年之前完成国际航空枢纽港的基本建设。航空公司需要保障2010年上海世博会期间的航空安全和庞大的客货运输。与此同时，东航和上航都以上海为大本营，并且在国内、

---

① 《2017年中国航空业行业发展现状及发展趋势分析》，中国产业信息网，2018.1.6. 详见：http://www.chyxx.com/industry/201801/600681.html。

国际多条航线上共同运营，长期处于激烈竞争的关系中。2008年，受全球金融危机影响，国内、国际客货运需求疲软，居高不下的燃油价格也造成航空公司运营成本增加。在此背景下，2008年东航、上航都出现了巨额亏损。2008年东航出现139.8亿元的巨额亏损，上航在2007年和2008年连续两年亏损，两家企业都面临退市风险（余东华和刘滔，2014）。在此背景下，2010年第一季度，东上并购完成。

国深并购的背景与东上并购不同。国航在2008年全球金融危机期间出现亏损，但没有东航亏损严重，也没有面临退市的风险。而深航自1992年成立起至2009年，连续保持了15年盈利和16年安全飞行，于2009年荣膺"亚洲品牌500强"称号，2005年以来一直是国内最大的民营航空公司，2008年金融危机期间仍然保持盈利。2009年底至2011年初，深航董事长、总裁先后因涉嫌经济犯罪被带走调查。以此为契机，在民航局的推动下，国航副总裁出任深航党委书记，并于2010年5月完成对深航的增资。增资完成后，国航成为深航的控制性股东，国航得以增强其在中国南方地区的市场势力，扩大国内市场的航线覆盖范围，与南航相抗衡。

由上述背景分析可知，这两大并购发生在同一年，但有几点重要的不同。第一，并购完成形式不同。东上并购后上航成为东航的全资子公司，而国深并购后，国航对深航的持股比例从25%上升至51%，深航成为国航的控股子公司，而非全资子公司。第二，航线网络结构不同。东航和上航均以上海为大本营，东上并购前它们服务的多个航线是相互重叠的，因此东上并购是重叠网络上的并购。而国航和深航所在的大本营不同，国航的总部在北京，深航的总部却在深圳，因此国深并购前它们服务的重叠航线较少，国深并购可以看作互补网络上的并购。第三，并购动机不同。在并购前，东航和上航都遭遇了严重的财务危机，其财务状况在2008年经济危机期间加速恶化。并购重组是使两家企业扭亏为盈的重要举措，在国资委和上海市政府的推动下，东航和上航进行并购重组。并购完成当年，重组后的东航集团转亏为盈。与此不同的是，并购前国航和深航未表现出明显的财务危机。由于高级管理层出现突然的震荡，在民航局的推动下，国航领导进驻深航管理层，并对深航完成增资，国航成为深圳航空的控制性股东。并购完成后，国航得以增强其在中国南方地区的市场势力，与南航相抗衡。

从以上分析可知，东上并购与国深并购并非航空企业内部自发完成的，而是政府及民航局出于对民用航空运输业大局的考量做出的战略性宏观决策。从这个意义上讲，两个并购可看作外生冲击，而非内生决策变量，这为研究者提供了构建"准自然实验"（quasi-experiment）的机会。另一方面，尽管国外研究民航并购经济学效应的文献很多，但在诸如对市场竞争力的影响、服务质量的影响、网络结构的影响、国际竞争力的影响、成本和效率的影响等关键问题上并未得出一致的结论。鲜有文章对中国民航并购的经济学效应进行过研究。本书旨在深入对比分析中国两大民航并购——东上并购和国深并购产生的经济学效应，为反垄断机构、航空公司的政策制定者提供理论和实证依据。

1.2 研究的实践与理论意义

民航并购产生的经济学效应是多重的。第一，并购会导致航空公司在国内市场势力的变化。因为消除潜在或直接的竞争者可能导致航空公司市场势力增大，市场集中度和垄断度增加。国内市场势力的变化会进一步引起航空公司在国际市场上市场占有率的变化。第二，并购可能导致民航市场票价的升高，引起反竞争效应（anti-competitive effect）；但也有可能对票价没有明显影响，甚至使票价降低。通过研究既有文献发现，当来自其他航空公司的竞争有限，或者并购方航空公司间互相重叠的航线多时，并购发生后，市场价格将升高；而当来自其他航空公司的竞争充足，或并购方航空公司间重叠的航线少时，并购发生后，由于产生规模经济效应和成本互补效应，市场价格将保持稳定甚至降低。第三，并购会导致民航消费者福利的变化。并购后随着各航线上票价、航班频率、飞机大小等重要因素的变化，乘坐飞机的消费者效用和福利也会发生变化。第四，并购会导致航空公司间多市场接触的变化。航空并购将不可避免导致航空公司间多市场接触的增加，而随着多市场接触的增加，航空公司间形成价格串谋关系的可能性增大。

从实践的角度而言，研究民航并购对市场和消费者造成的影响对中国的反垄断司法实践有重要意义，分析并购对国内、国际民航市场的影响可以为航空公司管理人员及反垄断机构人员制定决策提供依据。目前，中国的反垄断实践还处于起步阶段，反垄断案件的审查大多停留在定性判断上，严重缺乏定量分析的证据。本书使用2007—2016年的真实民航票价及客运量数据，对民航并购产生的价格和市场势力效应、国际竞争力效应、多市场接触效应及民航消费者福利效应进行分析，全面细致地定量分析了民航并购的经济学效应。

从理论的角度而言，航空公司间的并购重组属于横向并购。横向并购的经济学效应是两方面的。市场势力理论认为，并购会导致市场集中度上升，增强并购企业单方面提高价格的能力，可能为并购企业间实施串谋提供结构性条件，限制或阻碍有效竞争，影响消费者福利。从假设商品具有同质性的古诺模型中，能够推导出横向并购后上升的市场价格是市场集中度的函数，市场集中度由市场份额、赫芬达尔-赫希曼指数或市场需求弹性衡量（Werden and Froeb，2008）。从福利的角度看，古诺竞争市场中的企业横向并购将导致消费者福利和社会福利的损失。损失的社会福利是由高于竞争水平的市场价格引起的，也叫作"无谓损失"（deadweight loss）。由并购引起的社会福利的损失是由市场需求弹性、市场利润率和并购后价格上升的幅度共同决定的。

与之相反，效率理论认为，企业通过横向并购重组能够优化资源配置、推动技术进步，并在管理经营和财务等方面节约成本，促进效率的提升。效率的提升一般来可变成本的降低（如密度经济或规模经济的实现），或固定成本的降低（如研发成本的节约）。效率的实现往往与并购发生的时间有关。既有研究认为，资源的重新配置能够在并购后较短时间内完成，但研发成本的节约需要更长的时间才能表现出来。从福利的角度来说，横向并购引起市场价格的上升，势必造成社会福利的"无谓损失"，但如果并购后实现了效率的提升和成本的下降，则生产者剩余的增加能够与社会福利的"无谓损失"相抵消。当并购实现的效率提升足够大时，社会福利会升高。对于反垄断部门来说，审批横向并购时非常重要的一个标准是检验并购后效率提升的有效性、可能性及其对市场竞争的影响。因而，研究企业并购的经济学效应，充分权衡企业并购可能产生的效率协同效应和市场势力效应，分析其对市场竞争、消费者福利和社会福利的影响，具有非常重要的意义。

除效率理论和市场势力理论外，市场进入理论认为，并购后竞争者是否能够自由进入市场，也是影响并购经济学效应的重要因素。当市场中的潜在竞争者能够较容易进入市场时，即便并购后的市场集中度高，并购企业也很难行使市场势力。在古诺竞争和伯川德竞争的行业中，企业只有在市场满足两个条件时才会并购（Werden and Froeb，1998）：第一，并购能够带来显著的效率提升时；第二，并购后市场的进入壁垒很高时。卡布拉尔（Cabral，

2003）在伯川德市场竞争模型中，验证了并购后潜在竞争者的进入能够提高消费者福利的现象。而斯佩克特（Spector，2003）则在古诺市场竞争模型中，发现未能实现效率协同的企业并购一定导致消费者福利的损失，无论是否有潜在竞争者。对于反垄断机构来说，衡量并购后竞争者进入市场的可能性、及时性和充足性非常重要（US Department of Justice and US Federal Trade Commission，2010）。中国民航市场属于进入壁垒很高的市场，因此并购后很可能造成并购企业市场势力的显著上升。本书基于效率理论、市场势力理论和市场进入理论，探讨东上并购和国深并购对中国民航市场的经济学效应。

1.3 研究的方法与思路

本书的分析思路框架建立如下：

本书首先回顾了并购的动因理论，并重点回顾了市场势力理论和效率理论。在此基础上，本书对现有国内外研究民航并购经济学效应的文献进行了梳理。具体而言，分别从民航并购的价格和市场势力效应、国际竞争力效应、多市场接触效应及消费者福利效应、成本和效率效应、网络结构效应、民航并购与低成本航空、民航并购与高铁、民航并购的动态效应和补偿措施等十个方面，回顾总结了国内外既有文献研究，并在文献回顾的基础上，进行了文献评述，提出了本书的研究问题。

随后，本书选取了国内客运量最大的十一家航空公司，使用国际航空运输协会（International Air Transport Association，IATA）AirportIS（Airport Intelligence Services）数据库中 2007 年到 2016 年的季度面板数据，采用双重差分模型、离散选择模型、嵌套 Logit 模型、消费者福利模型等方法，将定性分析方法与定量分析方法相结合，实证分析了东上并购和国深并购的价格效应、国际竞争力效应、多市场接触效应及消费者福利效应。

最后，对本书所得结论进行总结，并指出本书的不足之处以及未来的研究方向。

本书采用的研究方法如下：

1.3.1 文献法

在本书的写作过程中，通过 Elsevier 数据库（ScienceDirect）、Emerald 全

文期刊数据库、JSTOR西文过刊数据库等英文期刊数据库，以及中国知网数据库、万方数字资源系统、维普中文期刊全文数据库等中文期刊数据库，本研究得以进行广泛而深入的文献回顾，从而提炼出有价值的研究问题。

1.3.2 比较分析法

本书多次应用比较分析法进行分析。通过文献中对美国、欧洲、日本、韩国民航市场的对比研究可以发现其相同点和差异性，从而为中国民航市场的研究提供有益的思考；通过对比东上并购和国深并购的不同效应，可以得到重叠网络并购与互补网络并购产生的经济学效应的异同。

1.3.3 统计分析法

本书通过描述统计方法，对中国民航市场的现状进行了描述，对比分析了中国民航企业在国内、国际市场上的市场势力指数走势，以及东上并购和国深并购前后航空公司运营规模的变化，使读者了解中国民航市场及两大民航并购的基本概况。

1.3.4 计量分析法

本书选取了国内客运量最大的十一家航空公司，使用国际航空运输协会AirportIS数据库中2007年到2016年的季度面板数据，采用双重差分模型、离散选择模型、嵌套Logit模型、消费者福利模型等方法，实证对比分析了东上并购和国深并购的价格和市场势力效应、国际竞争力效应、多市场接触效应及消费者福利效应。

1.4 研究的创新之处

本书主要有以下四个创新之处。

第一，从研究的主题上，民航并购作为横向并购的重要表现形式，一直是国外学者关注的重要经济学问题。但国内研究中对民航并购经济学效应的关注却相对匮乏。中国民航市场是世界上第二大民航市场，民航并购对中国民航市场、国际民航市场都有深远的影响，是非常值得研究的问题。本书聚焦于中国民航并购的经济学效应，丰富和补充了国内外民航并购的经济学效应研究。

第二，从研究的方法上，目前国内研究民航并购基本采取定性分析方法，这种方法操作难度小，执行成本低，是横向并购评估审查的基本方法。但是该方法缺乏定量分析，不能够准确反映并购的反竞争效应。本书基于跨度十年的面板数据，使用经典计量模型和研究方法，对中国民航并购的经济学效应做了细致全面的定量分析，为航空公司及反垄断执法部门提供政策依据，在既有研究的基础上做出了突破和改进。

第三，从研究的视角上，现有的关于中国民航并购的文献都是对东上并购的研究，并且都只关注了并购的价格效应。本书综合对比分析了东上并购和国深并购的经济学效应，这在国内外研究中尚属首次。除价格效应和市场势力效应外，本书还研究了两大并购对中国民航市场的国际竞争力效应、多市场接触效应和消费者福利效应。与既有研究相比，本书的研究视角新颖且更加广泛。

第四，从研究的数据上，现有的研究在涉及中国民航市场的客运量数据时，总使用航线层面的数据，未具体到航空公司-航线层面的数据，这就导致无法对航空公司间的竞争行为进行分析；在涉及中国民航市场的票价数据时，通常使用携程等机票代售网站上公布的不同舱位的票价平均值或中国民航局的基准指导票价来代替真实的票价，不利于实证结果的准确性。本书使用的面板数据包含航空公司-航线层面的真实票价、客运量数据，所得出的实证结果更加准确可信，对既有实证研究做出了改进。

1.5 研究的目标和内容

民航并购的效应具有多样性，取决于航空公司并购前的航线网络结构、民航市场的竞争格局、市场中是否存在有效的替代交通方式，以及市场进入和退出的壁垒是否较高等因素。不同类型的航空公司间的并购、不同航线网络结构上的民航并购产生的效应也很不同，这也是有些民航并购能够提高消费者福利和社会福利，而有些民航并购则会损害消费者福利和社会福利的原因。因此，是否应该批准特定民航企业并购，应充分考虑民航并购效应的多样性和复杂性。中国目前在这方面缺乏丰富可靠的实证研究。因此，本书的首要目标是使用实证计量模型，全面定量分析中国两大民航并购——东上并购和国深并购的经济学效应，为反垄断机构和民航政策制定者提供分析依据。具体而言，本书研究的目标是：第一，将具有坚实理论基础的赫芬达尔-赫希曼指数和勒纳指数分析引入具体而言航空公司，分析东航集团和国航集团在国内、国际市场上的市场势力，对比两大并购前后东航集团和国航集团的市场势力变化。第二，根据既有理论研究结论，实证分析两大并购后中国民航企业在国际市场上的竞争力变化和在国内市场上的票价变化。第三，进一步考察两大并购后的中国民航市场是否存在串谋现象，以及民航消费者福利是否因为并购而产生了损失。第四，依据实证结果，有针对性地为中国民航业并购案例提出合理的政策建议，以期为相关部门和企业提供决策参考。

本书分为8个章节。

第1章提出本书的研究背景和意义，明确本书的研究方法和思路，以及研究的目的和内容，并指出本书的创新点。

第2章阐述了本书的理论基础，为后续章节中提出的实证研究问题提供理论支持，并对既有经典文献进行了回顾总结和评述，提出本书研究的具体问题。

第3章对中国民航市场的现状做分析，主要通过描述统计法和经验分析法概括中国民航业近十年的发展态势，以期使读者对中国民航市场的市场结构和竞争方式有全局性了解。之后，使用衡量市场结构和市场竞争的经典指标赫芬达尔-赫希曼指数和勒纳指数计算了并购前后东航集团和国航集团在国内民航市场及国际民航市场上的市场势力变化。最后，从七个维度列出了并购前后东航与国航的运营与规模数据的变化，使读者对东上并购和国深并购前后的市场结构及航空公司运营情况有一个清晰的把握，为后续实证研究作铺垫。

第4章主要研究东上并购和国深并购后东航集团和国航集团在国际民航市场上的竞争力变化。首先，依据既有研究，建立合理的衡量国际竞争力的双重差分模型，运用面板数据对模型进行估计，得到模型的参数估计。其次，使用工具变量回归和安慰剂检验，进一步验证了基准双重差分模型回归的结论。最后，从既有理论的角度出发，探讨了本章实证研究结果的意义。

第5章主要研究东上并购和国深并购对中国民航市场的市场价格影响。本章的双重差分模型建立在对航线网络结构进行分类的基础上，由于东上并购和国深并购涉及的航线网络结构不同，本章对比分析了基于不同航线网络结构的东上并购的价格效应和国深并购的价格效应的异同。之后，本章进一步对比分析了两大并购价格效应的长短期变化。最后，依据既有民航并购价格效应的理论研究，探讨了本章结果的特殊性及合理性。

第6章主要研究并购对中国民航市场上多市场接触的影响。首先，本章使用两种经典方法计算了多市场接触指标，并使用描述统计法绘制了并购前后多市场接触指标的走势。其次，根据既有文献，建立合理的研究多市场接触效应的模型。分别使用随机效应、固定效应和差分GMM方法对模型进行估计。随后，在基准模型的基础上，进一步根据航线层面利润额的高低将航线划分为四类，比较分析在具有不同利润额的航线上多市场接触的不同效应，并使用利润加权的多市场接触指标对结果进行验证。

第7章研究了两大并购对国内民航消费者福利的影响。本章首先建立了以嵌套Logit函数为形式的效用模型，并由此推导出了消费者需求模型。其后，利用面板数据估计出了消费者需求模型和效用模型的参数。再利用消费者福利经典模型，求得并购前后航线层面的消费者福利的变化。最后，将航线进一步根据市场集中度、起止点是不是枢纽机场所在城市、是不是重叠航线等进行分类，并得出在每一类航线上两大并购前后消费者福利的变化。

第8章是总结与展望，首先依据前文分析，总结了本书的主要结论。之后依据本书的研究结果，分别对航空公司、反垄断部门和中国民航局提出政策建议。最后针对本书研究中的不足，提出今后进一步研究的方向。

2 理论基础和文献综述

2.1 理论基础

特劳特温（Trautwein，1990）对企业间发生并购的动因进行了总结和归类。他提出，能够解释企业间发生并购动因的理论主要有效率理论或协同理论（efficiency theory）、市场势力理论或垄断势力理论（market power theory）、价值理论（valuation theory）、帝国建设理论（empire-building theory）、过程理论（process theory）、侵略者理论（raider theory）和扰动理论（disturbance theory）。其中，最常见的并购动因是基于市场势力理论和效率理论的。本部分就这两个理论进行阐述，并为本书后续实证章节提供理论框架支撑。

市场势力理论认为，并购产生的不断扩大的企业规模导致的市场势力的增加是企业并购的动因。芮明杰（2016）认为，市场势力是指"企业在市场中的地位，或将价格制定在竞争性水平（即边际成本）之上的能力"。根据微观经济学理论，若企业不具有任何市场势力，则它只能做市场价格的接受者，在充分竞争的条件下，企业的经济利润为零。企业的定价与边际成本之间的差额越大，则企业市场势力越强，企业获取的超额利润就越多。并购后，随着公司数目的下降，行业中剩余企业的"相互依赖程度"和"串谋"的可能性会增加。事实上，美国的公共政策认为，当小于四家的企业占有市场额超过40%时，企业的市场势力过大，公司的价格和利润将含有垄断的因素（威斯通等，1998）。王俊豪（2008）认为，企业规模和市场容量均会影响企业的市场势力。一方面，在某个特定产业的市场容量不变的情况下，少数企业的规模越大，则市场占有率越高，因此可以在行业市场上获得垄断力量，从而市场势力就越高。例如，为了提高本国企业在国际市场上的竞争力，政府可能放宽对企业大规模并购的限制，甚至采取一些优惠政策鼓励企业扩大规模，从而导致企业在本国市场上市场势力的上升。另一方面，在企业规模一定的情况下，有限的市场容量会促使行业进入壁垒升高，削弱行业内有效竞争，此时较大规模的企业会试图通过兼并活动来争取更大的市场垄断力量，获得更多的利润。

市场集中度和市场势力的上升必然引起企业的单边效应（unilateral effect，或 non-coordinated effect）和协调效应（coordinated effect）。单边效应，也称为非协调效应，是指并购后并购企业产品之间的竞争被消除，允许并购企业单方面行使市场势力的现象。例如，并购后企业通过提高市场价格获得更多的利润，从而损害消费者福利。在同质市场中，当两个重要的竞争者并购后，将形成一个只有少数竞争企业或没有其他竞争企业的高度垄断市场，在市场容量有限的情况下，并购的单边效应会非常显著。在差异化市场中，当两家并购企业拥有高度可替代的产品时，往往也会出现单边效应。两家并购企业的产品可替代性越高，单边效应越显著。单边效应对竞争的影响机制很复杂。例如，一个在短期内导致市场价格上涨的并购，可能长期中对消费者福利和社会福利并不造成损害。这是由于市场中存在充足的来自其他企业的产品竞争压力，或并购产生了显著的研发效率。协调效应是指，在一定的市场条件下（如市场高度透明、产品同质化程度高），并购将导致市场中的企业相互协调合作，进行对市场竞争不利的活动，比如共同提高市场价格等。竞争企业参与协调行为的能力取决于其对价格变化或其他竞争性举措的反应强度和可预测性。在某些情况下，并购后市场集中度的增加可能导致竞争企业更容易预测并购企业的价格行为，从而更容易参与到协调行为中。企业间的协调行为有利于生产者获利，但会损害市场竞争和消费者福利。

与市场势力理论紧密相关的是 SCP 范式理论。贝恩（Bain，1959）在他的著作《产业组织》中，提出了经典产业组织分析框架——市场结构（structure）—企业行为（conduct）—市场绩效（performance），即 SCP 范式。该范式认为，市场结构决定市场行为，市场行为继而决定市场绩效。其核心是"集中度-利润率"假说。他认为，在集中度高的市场中（如寡头垄断），必然存在少数企业间的串谋行为，以及较高的进入壁垒，从而削弱市场竞争性，产生超额利润，破坏资源的配置效率。反之，若市场中持续存在超额利润，则说明市场中存在垄断因素，利润越高，垄断性越强。因此政府应当限制垄断，促进竞争。以贝恩为代表的研究主要以哈佛大学为中心展开，因此该范式也被称为哈佛学派的 SCP 模型。根据市场势力理论，横向并购不可避免地导致直接竞争者或潜在竞争者的损失，从而导致市场集中度的升高和企业市场势力的增强。而根据贝恩提出的 SCP 范式理论，市场集中度的升高将进一步引起产出的下降和价格的上涨。并购对直接竞争者和潜在竞争者的影响可以用下述数学表达式推导。

假设市场上存在单一企业 i，利润为 $\pi_i = x_i p(X) - C(x_i)$。这里 x_i 代表企业 i 的产出，$C(x_i)$ 是总成本，$p(X)$ 是市场价格，其中 $X = \partial x_i$。企业的一阶导数表示为：

$$p(X) + q_i [\partial p(X)/\partial x_i] = \partial C/\partial x_i \qquad (2.1)$$

式（2.1）中，$\partial C/\partial x_i$ 代表边际成本，$\partial p(X)/\partial x_i$ 衡量的是企业自身产出的变化对企业的市场价格的影响。后者可以写作：

$$\partial p(X)/\partial x_i = [\partial p(X)/\partial X](\partial X/\partial x_i) \qquad (2.2)$$

式（2.2）中，$\partial p(X)/\partial X$ 是需求函数的斜率，$\partial X/\partial x_i$ 是企业 i 的产出对市场总产出造成的影响。它可以表示为 $(1 + \partial X_{-i}/\partial x_i)$，这里，$\partial X_{-i}/\partial x_i$ 是推测变分参数[①]。将推测变分参数拆开，可以表示为：

$$\partial X_{-i}/\partial x_i = \partial X_I/\partial x_i + \partial X_N/\partial x_i \qquad (2.3)$$

式中，$\partial X_I/\partial x_i$ 为直接竞争者产出的变化对行业总产出的影响，即企业 i 的直接竞争者的效应；$\partial X_N/\partial x_i$ 为潜在竞争者产出的变化对行业总产出的影响，即企业 i 的潜在竞争者的效应。当企业试图最大化自己的利润时，一方面受到当前市场上已存在的竞争者的影响，另一方面也受到市场上潜在竞争者的影响。当市场上的直接竞争者或潜在竞争者被剔除后，企业 i 的议价能力增强，利润增加。从福利的角度看，古诺竞争假设下的并购导致消费者福利和社会整体福利的损失。整体社会福利的损失也被叫作"无谓损失"，它是由产品价格高于市场竞争价格导致的。将并购对生产者造成的福利的增加叠加到"无谓损失"上后，能够求得并购对消费者福利造成的损失。并购产生的福利损失是由市场需求弹性、市场利润以及并购后票价上升的幅度共同决定的。

[①] 推测变分参数是新实证产业组织（NEIO）中对市场竞争性进行衡量的最常用方法，通过对个体的竞争行为进行分析，从而推断出市场的不完全竞争程度。20 世纪 70 年代，由于 SCP 范式受到越来越多的批评，岩田（Iwata，1974）为了避免使用 SCP 范式在市场进行经验研究中存在的缺陷，提出利用利润最大化的一阶条件，对企业的竞争行为进行推测（推测变分），从而实现对市场力的估计。关于推测变分法相关的文章请阅：Iwata（1974），Bresnahan（1982），Lau（1982），Brander and Zhang（1990），Brander and Zhang（1993），Oum et al.（1993）。

另一方面，效率理论认为，企业并购能够提高企业双方的效率，并带来财务、运营、管理等层面的协同效应。效率理论包含以下几个子理论：①管理协同理论。该理论认为并购产生的直接原因是管理者之间的效率存在差异，并购可以将两家公司的管理效率提高到更高的水平。②经营协同理论。经营协同理论是规模经济的一种直接反映，它反映了在机器设备、人力或经费支出等方面的不可分割性及并购后对企业内各种资源得以更好利用的能力。③财务协同理论。财务协同理论认为并购后资本成本会由于各种原因降低。例如，若并购企业有多余的现金流量，但缺乏良好的投资机会，而被并购企业有成长潜力却缺乏融资渠道时，通过并购，双方均能获得良好的财务协同效应。

在贝恩所提出的 SCP 范式的基础上，谢尔勒（Scherer，1970）等人对其进行了完善和补充，形成了传统产业经济学中更完整的 SCP 范式。在这个更加完整的范式内，市场结构、市场行为、市场绩效间的关系更加复杂，相互影响。例如，一方面政府可以通过制定管制或者竞争政策影响市场上厂商的数量和竞争行为方式，而另一方面厂商也可以反过来通过自身的竞争行为影响政府的决策，并获取垄断利润。20 世纪 70 年代，崛起的芝加哥学派否定了"集中度-利润率"假说。芝加哥学派更加注重市场结构和企业行为是否提高了效率，而不是只看是否损害了竞争。他们认为，高集中度与利润率的正相关并不一定意味着产业内大企业间相互勾结提高价格，相反，很可能反映了高集中度产业内主要大企业的更高的效率和更低的成本。即使短期中存在垄断势力和不完全竞争，只要政府不设置市场进入规制，长期看，均衡的市场竞争状态能够实现。他们反对政府规制和反垄断政策，提倡经济自由发展。

企业并购的效率往往通过规模经济效应实现。企业并购后产生的规模经济和密度经济能够降低企业可变成本，而企业并购后研发投入和购买机器设备的费用节约能够降低企业的固定成本。效率的实现往往与并购发生的时间有关。尽管资源的重新配置能够在并购后短时间内完成，但研发成本的节约需要更长的时间才能表现出来。在古诺竞争的假设下，企业并购后成本的节约可以表示为并购前各企业所占市场份额的函数。

假设在古诺多寡头竞争中，各企业生产同质的产品。需求表示为 $p(X)$，这里，p 是价格，X 是行业总产出，且 $p'(X)<0$。需求弹性的绝对值表示为：$\varepsilon(X) \equiv -p(X)/Xp'(X)$。企业 i 的成本函数定义为 $c^i(x_i)$。这里，

x_i 是企业 i 的产出。使用 $c^i \equiv c^i(x_i)$ 代表企业 i 的总成本，$c_x^i \equiv c_x^i(x_i)$ 代表企业 i 的边际成本。企业 i 的市场份额表示成为 $s_i = x_i/X$。这里，允许各企业的效率有所不同。

在古诺模型中，企业间没有勾结行为，但相互间都知道对方将怎样行动，从而每一个企业 i 各自确定最优的产量 x_i 来实现利润最大化。除企业 i 之外的所有企业的产出都能够写作 $y_i \equiv \sum_{j \neq i} x_j = X - x_i$。则企业 i 的利润可表示为 $\pi^i(x_i, y_i) \equiv p(x_i + y_i)x_i - c^i(x_i)$。对该式求一阶导数，令 $\partial \pi^i / \partial x_i = 0$，可得到：

$$p(X) + x_i p'(X) - c_x^i(x_i) = 0, \quad i = 1, 2, \cdots, n \qquad (2.4)$$

古诺均衡当且仅当 n 个企业的矢量 $(x_1, \cdots, x_n)$ 都满足上式时才成立。

如果两个企业（企业 1 和企业 2）并购，当且仅当 $p - c_x^M > (p - c_x^1) + (p - c_x^2)$ 时，市场价格才将降低。这里，p 是并购前的市场价格，c_x^1 和 c_x^2 是并购前企业 1 和企业 2 的边际成本，c_x^M 是并购后新企业的边际成本。上式可以改写为：

$$c_x^2 - c_x^M > p - c_x^1 \qquad (2.5)$$

根据式（2.5）可知，并购后的新企业 M 的边际成本必须显著低于参与并购企业 1 和 2 的边际成本，价格才会降低。边际成本降低幅度越大，并购后公司的相对并购前市场价格的加价幅度就越大。

使用式（2.4），可以将式（2.5）用并购前的变量重新表示：

$$c_x^M < p[1 - (s_1 + s_2)/\varepsilon] \qquad (2.6)$$

式（2.6）表明，当且仅当并购后新公司的边际成本小于右边的值时，市场价格才会降低。如前所述，从福利的角度来说，横向并购引起市场价格的上升，势必造成社会福利的"无谓损失"，但如果并购后实现了效率的提升和成本的下降，则生产者剩余的增加能够与"无谓损失"相抵消。当并购实现的效率提升足够大时，社会福利和消费者福利升高。

根据对市场势力理论和效率理论的探讨，并购必然对企业的市场势力和成本效率造成影响。而市场价格是否升高、消费者福利及社会福利是否遭到损害，则需要比较市场势力的增加幅度与企业成本的节约程度后得出。假如市场势力的增加幅度（对市场竞争的损害程度）超过了成本的节约程度（效率的提升程度），则市场价格将上升、消费者福利和社会福利将遭到损害；假如市场势力的增加幅度小于成本的节约程度,则市场价格将维持不变或下降,消费者福利和社会福利可能有所提升。在民航业中,一方面,企业的并购将降低企业运营成本。因为随着航空公司规模的扩大,单位座公里的成本逐渐下降,即分摊到每个乘客上的折旧、租赁费、人员基本工资等单位固定成本呈下降趋势。固定成本的下降将提高航空公司在国内、国际市场上的竞争力。另一方面,企业的并购会消除航线上的直接竞争航空公司和潜在竞争航空公司,使得市场集中度增加,并购企业的市场势力大幅上升。以中国民航市场为例,并购后,国航、东航、南航三大航空巨头占据国内民航市场70%的份额,呈现不完全竞争市场结构中的寡头垄断市场结构的形式。根据并购的单边效应现象,中国民航市场的价格将升高。而根据并购的协调效应,中国民航企业间协调合作定价行为将增多,甚至形成长期的串谋关系。

基于此,本书在后文的实证分析中,根据市场势力理论和并购的单边效应现象,对中国民航企业并购的市场势力效应和价格效应做出分析。随后,基于SCP范式理论和效率理论,对中国民航企业并购的国际竞争力效应进行分析。最后,根据市场势力理论、效率理论和并购的协调效应现象,对中国民航企业间的多市场接触和串谋效应、对中国民航消费者的福利效应做出细致的分析。下文总结回顾国内外研究民航并购经济学效应的经典文献。

2.2 文献综述

2.2.1 并购对航空公司票价和市场势力的影响

在民航领域,研究并购价格效应和市场势力效应的文章已有很多。其中,又以研究美国市场民航并购效应的文章最多。在欧洲市场的研究中,多篇文献都强调了低成本航空的重要性;亚洲市场的研究较少,主要的研究对象是日本市场和中国市场。下面按国家和区域分类对本部分文献进行回顾。

1978年,美国政府放松航空管制后,美国民航迎来了第一波大的并购浪潮。该时期批准的并购案例未充分考虑航线网络的影响,很多涉及重叠航线的并购案例也获得了批准。研究这时期民航并购的文献得出的结论比较一致:在重叠航线上,并购后航空公司的市场势力和票价显著上升。金和西格纳尔(Kim and Signal, 1993)研究了1985—1988年的14个并购案例的价格效应。

他们发现，并购给航空公司带来的效率的提升要小于带来的市场势力的增加，平均来看，并购后价格约上升9.4%。在他们的研究中，航空公司被分为"财务正常"和"财务危机"两类公司，他们发现，处于财务危机中的公司，并购使它们的票价比正常公司的票价上升幅度更大。另一个该时期被多次研究的案例是1986年美国西北航空公司（Northwest Airlines）和美国共和航空公司（Republic Airlines）的并购（简称"NW-RC并购"），以及美国环球航空公司（Trans World Airlines）和奥扎克航空公司（Ozark Airlines）并购（简称"TW-OZ并购"）。这两大并购案例有一个共同点——并购前参与并购的航空公司共用一个枢纽机场。波伦斯坦（Borenstein，1990）发现NW-RC并购后价格显著上升9.5%，TW-OZ并购中价格上升不显著。韦登等（Werden et al.，1991）发现NW-RC并购与TW-OZ并购均造成了航空公司价格的小幅度上升和服务质量大幅度下降。莫里森（Morrison，1996）使用了1978—1995年的数据发现，长期来看NW-RC并购造成市场价格上升了2.5%，TW-OZ并购造成市场价格下降了15.3%，即长期来看，这两个并购并没有造成大的市场势力和票价的上升。

进入21世纪，美国反垄断局批准的民航并购案例基本是互补航线上的并购，因此并未引起较大的市场势力和价格的上升。布鲁克纳等（Brueckner et al.，2013）指出：2000年后，传统航空公司（Full Service Airlines，FSA）间重叠航线上的并购对价格的影响有限，因为在并购航空公司的重叠航线上，还存在很多其他传统航空公司和低成本航空公司（Low Cost Carriers，LCC）的竞争。研究2000年以后并购案例的文献主要有以下几篇。胡舍尔拉特和穆勒（Huschelrath and Muller，2014）研究了2005年美国西方航空公司（America West Airlines）与全美航空公司（US Airways）间的并购对价格和社会福利的影响。使用双重差分模型，他们发现，直飞的重叠航线上价格大幅度上升10.5%，中转一次的重叠航线上价格也有所上升，但上升幅度略微减少为6.3%，而不重叠的航线上，价格则明显下降了11.5%。因此，总的来说，该并购仅引起轻微的价格上升，并未使消费者的福利下降。胡舍尔拉特和穆勒（Huschelrath and Muller，2014）认为，互补航线上价格的下降是由规模经济及低成本航空公司的竞争引起的。胡舍尔拉特和穆勒（Huschelrath and Muller，2015）研究了2009年达美航空（Delta Airlines）和西北航空（Northwest Airlines）并购的价格效应，得出结论：短期内重叠航线上的价格上升11%，长期仅上升

3%,即并购后短期内航空公司的市场势力得到了显著增加,但随着时间的推移,市场势力的增速放缓。他们提出,这主要是因为并购完成后,仍有较多竞争者能够进入市场,市场进入壁垒未显著升高。罗(Luo,2014)也对同一个并购案例的价格效应做出了分析。结果表明,并购后重叠航线上的价格有轻微上升,但总的来说,对价格造成的影响有限,罗认为原因是低成本航空公司的存在对传统航空公司施加了价格压力。本书将研究并购对美国民航市场价格影响的主要文献和结果进行了整理,如表2.1所示。

表2.1 研究美国民航并购价格效应的相关文献

文献	并购时间	并购航空公司	价格效应
Borenstein (1990)	1986	Northwest and Republic Airlines	6%~22.5%
		Trans World and Ozark Airlines	-12.3%
Werden et al. (1991)	1986	Northwest and Republic Airlines	5.6%
		Trans World and Ozark Airlines	1.5%
Morrison (1996)	1986	Northwest and Republic Airlines	19.9%
		Trans World and Ozark Airlines	-15.4%~-10.1%
Kwoka and Shumilkina (2010)	1987	US Air and Piedmont Aviation	6%~10%
Huschelrath and Muller (2014)	2005	US Air and American West Airlines	6.4%
Huschelrath and Muller (2015)	2009	Delta and Northwest Airlines	3%~11%
Luo (2014)	2009	Delta and Northwest Airlines	Not significant
Kim and Signal (1993)	1985—1988	14 mergers	9.44% on average
Brueckner et al. (2013)	2007—2008	2 actual mergers 5 hypothetical mergers	Not significant

资料来源:根据既有文献整理得到。

通过美国部分的文献回顾可以看出,如果并购前航空公司间的航线重叠较多,或并购前航空公司共用一个枢纽机场,则并购后票价会显著上升;如果并购前航空公司的航线网络是互补的,或者市场中的有效竞争比较充足,则并购不会引起价格显著上升。

欧洲市场中,由于数据的不可得性,研究民航并购的价格和消费者福利效应的文章并不多。布鲁克纳和佩尔斯（Brueckner and Pels，2005）采用电脑模拟法研究了法国航空（Air France）和荷兰皇家航空（KLM Royal Dutch Airlines）间的跨境并购，模拟结果显示，尽管并购给航空公司带来了更大的利润，但是总体的社会福利降低了。多布森和皮加（Dobson and Piga，2013）研究了欧洲两大低成本航空之间的并购：易捷航空对高飞航空的收购和瑞安航空对巴兹航空的收购。他们发现，在两个案例中，并购后飞机票价都显著降低了，尤其是提前预订的机票的价格。另外，并购后飞机的大小、上座率、航班频率都上升了，消费者福利得到显著提高。法格达和费迪格曼（Fageda and Perdiguero，2014）研究了西班牙一家传统航空公司和两家低成本航空公司间的并购，发现在并购前两条低成本航空公司竞争的航线上，价格没有明显变化，但航班频率降低；在并购前传统航空公司与低成本航空公司竞争的航线上，价格明显上升，但航班频率没有太大变化。因此，受到更高的民航票价或更低的航班频率的影响，消费者的福利受到损害。通过欧洲部分文献的回顾可以看出，低成本航空公司参与的并购与传统航空公司间并购的价格效应和消费者福利效应有很大不同。概括来说，当并购双方都是低成本航空时，无论并购前的航线网络是重叠型还是互补型，并购后票价都是下降的；当并购一方是低成本航空公司，另一方是传统航空公司时，则并购后在重叠航线上票价显著上升，在互补航线上票价上升不显著。

亚洲市场上，主要研究对象集中在日本民航市场和中国民航市场。水谷（Mizutani，2011）的研究表明，日本航空（Japan Airlines）与日本佳速航空（Japan Air System）之间的并购增加了市场竞争，降低了票价。文章利用行为参数法分析了并购前后市场结构的变化。水谷（Mizutani，2011）发现，两家航空公司并购前市场结构为斯塔克伯格竞争，此时全日空航空（Nippon Airline）是领导者，日本航空和日本佳速航空是跟随者；并购后市场结构为古诺双寡头竞争，日本航空和全日空航空势均力敌，因此并购增加了市场的竞争程度，并未造成票价的上升。

中国市场上的相关研究非常少，张和罗迪（Zhang and Round，2009）对比研究了东航和南航2002年重组后价格和市场势力的变化，发现至少在并购发生后的两年内，票价没有发生明显变化，没有给消费者造成明显损害。他们认为这主要是因为并购航线的网络是互补型的。张（Zhang，2015）研究了东上并购对飞机票价的影响，发现短期内，以启程日的票价计算，飞机票价在并购后上升了约22%，东航的市场势力大大增加了，但长期影响并不清楚。张（Zhang，2015）认为，票价大幅度增加主要因为两家公司都以上海为大本营，并且在并购前有多条航线重叠，多年来一直是竞争对手。并购减少了航空公司的直接竞争对手，从而引起票价上升。

除上述两篇文章外，国内研究中也有两篇文献研究了东上并购。唐兵等（2012）使用定性分析法和案例法，对东上并购价值创造的复杂过程及影响因素做了深入考察，构建了一个并购价值创造机理模型。余东华和刘滔（2014）利用《从统计看民航2009》提供的数据，使用结构分析方法和模拟分析方法评估了东上并购的价格效应。研究发现，尽管航空客运市场的集中度较高，有可能会出现滥用市场势力的行为，但是东上并购带来的效率提升抵减了可能产生的价格上涨效应。

综上所述，既有文献的研究结果与2.1小节中的理论回顾相吻合。重叠航线上的并购由于减少了市场竞争者，提高了市场势力和市场集中度，从而拥有了抬高价格的能力，并获得了超额利润。相反，互补航线上的并购实现了规模经济效应和效率协同效应，使得单位成本下降，票价维持不变甚至下降。因此，在分析民航并购对航空公司市场势力和票价的影响时，要区别考虑不同航线类型和网络结构上的不同效应。

2.2.2　并购对航空公司国际竞争力的影响

国内航空公司并购与其国际竞争力间的影响机制，既有文献总结了两条路径。

第一，并购导致的网络规模效应使得大的航空公司得以降低成本，在国际航线上实现规模经济，继而提高国际竞争力（Pagoulatos and Sorensen，1976；Marvel，1980；Krugman，1984）。该路径也被称为"国家冠军理论"（National Champion Theory）。这里包含两层含义：一是并购使得航空公司在航线上得以实现规模经济，二是实现规模经济的航空公司能够提高国际竞争力。很多学者对民航并购与规模经济间的关系做了探讨。一部分学者认为，航空公司能够通过减少航线竞争达到规模经济（Brueckner and Spiller，1991，1994；Brueckner et al.，1992）。国内航空公司的并购减少了国内航线上的竞争程度，而这些国内航线往往也是国际旅程的一部分。因此，削减国内航线上的竞争能够降低航空公司提供国际航线服务的成本，这种效应在经由本国机场转机的国际航线中尤为显著。另一部分学者认为，航空公司并购可以通过构建"中枢轮辐式"网络实现规模经济（Morrison and Winston，1989；Oum et al.，1993；Cason，1994）。"中枢轮辐式"网络是指航空公司所有的客运量由一个或多个枢纽机场（hub）运出，通过多条轮辐（spoke）运送乘客至目的地。它与"点对点式"网络（point-to-point network）不同的是，"中枢轮辐式"网络中，各轮辐（spoke）目的地之间很少有航班。"点对点式"网络在各城市间建立直达航线，是民航消费者出行最便捷的方式，但当各城市间的客运量较少、运载率较低时，难以形成规模经济运输，不够经济、合理。而"中枢轮辐式"网络中，航空公司通过建立一个或多个枢纽机场，枢纽机场之间以干线的形式用大型飞机连接，客流量较小的机场则不直接通航，而是以支线的形式通过枢纽机场中转，使用小型飞机连接。同时，通过对航班计划的调整，使各支线航班到达枢纽机场的时间相对集中，整合后再运往其他枢纽机场（吴桐水等，1999）。它的优点在于增大了航线网络的覆盖面，吸引更多的消费者去更多的目的地，提高了运载率，有效利用了旅客资源和航线资源。根据卡夫等（Caves et al.，1984）的研究，民航业是高固定成本（购置飞机、维修机械、起降权限等）和低边际成本（多增加一位乘客产生的额外的油费及食物成本）的行业，因此，当航线上乘客数量增加时，航空公司的平均成本将下降，实现规模经济。目前，美国民航市场上的航空公司已经建立起了"中枢轮辐式"网络结构，支线航空公司与干线航空公司间建立了千丝万缕的联系，通过分工合作，为干线航空公司提供支撑。布鲁克纳和斯皮勒（Brueckner and Spiller，1994）验证了航空公司网络的重要性。他们发现，乘坐同一家航空公司的航班进行转机的美国乘客从1979年的16%上涨到1988年的32%。类似的，莫里森和温斯顿（Morrison and Winston，1989）发现，"中枢轮辐式"网络有效增加了航线上的竞争，使航空公司得以将边远地区乘客运送到枢纽机场，继而进一步运送至国际航线，从而使航空公司获得国际航线上的规模经济，提高了其在国际航线上的竞争力。尽管另一些学者警告并购带来的市场势力和票价的上升可能超过"中枢轮辐式"网络带来的效率提升（Borenstein，1989；Kim and Singal，1993），但扩大的航线网络带来的规模经济无疑是航空并购背后的重要原因之一。

规模经济与企业国际竞争力间的关系在"不完全竞争市场理论"中有详细的论述。很多学者提出，在不完全竞争市场上，古诺竞争模型是最适合分析企业间长期竞争关系的模型（Kreps and Scheinkman, 1983; Weisman, 1990; Brander and Zhang, 1990, 1993; Oum et al., 1993; Cason, 1994）。根据古诺竞争模型的假设，具有较低成本的航空公司能够获得较高的产出和利润，这从理论上解释了企业为何有动力降低成本。由于国际民航市场的进入壁垒较高，国际民航市场符合不完全竞争市场的结构，因此，实现了规模经济效应、得以降低成本的民航企业能够获得更高的产出和利润，从而提高了其国际竞争力。

第二，国内航空公司并购减少了市场竞争，从而使企业失去进步和创新的动力，因此在国际市场中变得没有竞争力（Ray, 1981; Audretsch and Yamawaki, 1988; Porter, 1990; Clark et al., 1992; Kim and Marion, 1997; Sakakibara and Porter, 2001; Hollis, 2003）。该路径也被称为"竞争理论"。这里也包含两层含义：一是国内航空公司并购减少市场竞争、增加市场势力，甚至形成垄断，这在本章的理论基础部分和2.2.1小节中已有阐述。二是减少的市场竞争使得企业失去进步和创新的动力，从而削弱了国际竞争力。民航企业的进步和创新包含很多层面。林瑞海等（Soi-Hoi Lam et al., 2008）运用博弈论模型分析了国内外航空公司的竞争力影响因素。研究表明，航空公司的便利性和服务质量是影响旅客选择航空公司的主要因素，所以航空公司应致力于拓展服务范围、提高服务水平，进而提升其国际竞争力。尽管并购可能帮助航空公司建立"中枢轮辐式"网络结构，从而扩大航空公司覆盖的目的地范围，但很多文献发现，并购对航空公司的服务质量有负面影响。例如，马萨奥（Mazzeo, 2003）、普林斯和西蒙（Prince and Simon, 2017）发现，市场竞争对航空公司的服务质量有正向影响，并购减少了市场竞争，所以导致服务质量下降。陈和盖尔（Chen and Gayle, 2019）的研究发现，达美航空/西北航空（Delta/Northwest）并购和大陆航空/联合航空（Continental/United）并购两个并购案例发生后，受到并购直接影响的航线（重叠航线）上，航空公司服务质量降低；未受并购直接影响的航线（互补航线）上，服务质量提高。

这方面的实证研究并不多，主要集中在北美市场（Clougherty, 2002, 2006; Clougherty and Zhang, 2009）。克劳厄蒂（Clougherty, 2002, 2006）提出了民航并购提高本国航空公司国际竞争力的两条路径：第一，加强航空公司在国内的航线网络。第二，减少国内竞争者的数量。克劳厄蒂（Clougherty, 2006）认为，民航并购显著扩大收购方航空公司的航线网络规模，从而吸引更多的国内、国外乘客。国内航线网络产生的客流量能够帮助航空公司在国际航线上降低单位平均成本，提高国际航线上的运营效率，并最终提高航空公司的国际竞争力。另一方面，民航并购通过减少本国竞争者，能够显著增加航空公司在本国航线上的市场垄断势力，在国内航线上实现规模经济。由于国内航线往往是国际航线的一部分，当国际市场为不完全竞争市场时，通过并购，航空公司能够在国际市场上获得更多的客运量和利润。克劳厄蒂（Clougherty，2002）使用1984—1992年的面板数据，以美国与20个国家间的国际航线为研究对象，实证研究了美国航空公司的国际竞争力。结果显示：国内民航并购及大规模的国内航线网络结构都可以提升航空公司的国际竞争力。他使用航空公司的市场份额作为衡量国际竞争力的因变量指标，将收购方航空公司的规模百分比变化（收购方公司的飞机数/被收购方公司的飞机数）作为衡量国内并购的关键控制变量指标。通过固定效应回归和工具变量回归的估计，实证结果表明：如果并购使收购方航空公司的规模扩大50%，它在国际市场上的占有份额将增加3.05%左右。克劳厄蒂（Clougherty，2006）通过古诺模型建模和实证分析，进一步验证了本国航空公司并购对其国际竞争力的正向影响。在克劳厄蒂（Clougherty，2002，2006）的基础上，克劳厄蒂和张（Clougherty and Zhang，2009）从"竞争理论"入手，研究了航空公司的国内市场份额与国际市场份额之间的关系。他们使用1987—1992年的数据，选取了19个国家的37家航空公司的433条航线作为研究对象，通过固定效应回归和广义矩（GMM）回归，验证了航空公司国内市场份额对其国际市场份额的正向影响。另外，以国内市场的竞争者数量为自变量，在控制其他影响因素不变的情况下，文章也验证了国内市场竞争程度对国际市场份额的正向影响。因此，本书认为，在民航业中，"国家冠军理论"与"竞争理论"同时存在，需要具体案例具体分析。

国内研究中目前有两篇文献探讨了民航并购对国际竞争力的影响。李春玲和王彧（2013）建立了一套基于并购重组视角的航空公司国际竞争力评价指标体系，从规模竞争力、经营竞争力、运营竞争力、市场竞争力、国际化水平竞争力五个维度评估并购航空公司的国际竞争力。以东上并购为例，针对上述五个评估维度使用因子分析法，对并购发生前后的主要指标进行评分，发现并购之后新东航的国际竞争力指标评分明显高于并购之前东航和上航的国际竞争力指标评分。因此他们得出结论：东上并购提高了东航集团的国际竞争力。李春玲和朱启华（2015）改善了李春玲和王彧（2013）提出的航空公司国际竞争力指标评价体系，从规模水平、可持续发展能力、运输能力、服务水平、国际化水平五个新维度评估国际竞争力。他们以1980—2014年国内外106家航空公司为样本，实证分析了并购重组对航空公司国际竞争力的影响。研究发现，高股权比例可以产生顺从和效率，但股权收购与国际竞争力的提升不具备统计意义上的相关性。

2.2.3 并购对航空公司串谋行为的影响

并购对航空公司串谋行为的影响常与多市场接触行为有关。多市场接触（multimarket contact）的概念可以追溯到爱德华（Edwards，1955），他认为，当两家相似企业竞争时，很可能会在多个市场中碰面。由于它们在一个市场上的竞争可能会遭遇对方在其他市场上的报复行为，因此，多市场接触中的每一家企业都力图保持稳定克制的竞争关系。这将导致市场中竞争强度下降，甚至引发串谋行为。民航企业间的并购将不可避免地导致多市场接触的增加，其原因有以下两个：第一，并购使民航企业规模增大、产品多样化，使得并购后的企业或集团与其他企业或集团在市场中接触的机会增多；第二，并购使民航企业网络迅速扩张、地域多元化，导致企业或集团间在不同地域上的更多接触。

多市场接触的一个重要的理论研究是伯恩海姆和温斯顿（Bernheim and Whinston，1990）。他们第一次提出了"相互容忍"（mutual forbearance）的概念，并详细分析了多市场接触对企业行为的影响。他们认为，当市场满足三个假设——同质企业、同质市场和规模不变的情况下，多市场接触不能引发企业间的串谋行为。然而，当这些假设中的任意一个被放宽时，多市场接触会造成企业间的勾结，产生更高的价格。由于现实中这三个假设很难同时满足，产业中往往存在成本递减、企业成长等异质性因素，因此伯恩海姆和温斯顿（Bernheim and Whinston，1990）认为，企业在多个市场上有接触时，当某个企业选择不合作时，该企业获得报复的可能性和惩罚的程度要比没有多市场接触时大得多，所以企业间的多市场接触有利于串谋的稳定性。伯恩海姆和温斯顿（Bernheim and Whinston，1990）还得出结论，在竞争程度不同的市场中，多市场接触对企业竞争行为的影响作用也不同。对于竞争激烈的市场，增加多市场接触有降低市场中竞争强度的作用，但对于已初步达成串谋行为的市场则影响不大。

斯科特（Scott，1993）得出了与伯恩海姆和温斯顿（Bernheim and Winston，1990）不同的结论。他认为，即便在伯恩海姆和温斯顿（Bernheim and Whinston，1990）设定的严格完美市场情景下，在多阶段动态博弈中，多市场接触也会影响企业的纳什均衡选择。他认为，是企业间共同的经历及深入的了解，而不是市场的异质性导致了多市场接触对企业行为的影响。类似的，斯帕尼格罗（Spagnolo，1999）也证明了在重复寡头垄断中，即便在完全同质的市场上（同质的企业、市场，规模报酬不变），多市场接触也会引发串谋行为。

尽管多市场接触与企业间串谋行为的关系已在理论上被反复证实，但多市场接触并未引起大的政策关注。西格纳尔（Singal，1996）认为，这一方面是由于实证研究经验的缺乏；另一方面，政策制定者很难确定多市场接触的增加是企业有意达成的，还是自然形成的。科恩和鲍姆（Korn and Baum，1999）认为，如果多市场接触是自然形成的，那么很多政策研究得出的关于多市场接触与企业利润间的关系，就失去了意义。他们认为多市场接触的增加可能只是企业对成功企业的模仿，而不一定是静默串谋（tacit collusion）导致的。以此为基础，吉梅诺（Gimeno，2002）研究了自然形成的多市场接触与有意结成的多市场接触对企业利润的不同影响。通过观察多市场接触在等于、小于、高于预期水平的不同情景下的效应，吉梅诺（Gimeno，2002）认为企业的利润取决于多市场接触的水平，而不取决于它是否由企业有意结成。吉梅诺提出了一个问题：假设多市场接触确实有利于提高企业的利润，那么为什么管理者们不以目的性更强的方式来追求更多的多市场接触呢？他认为能够解释该现象的原因可能有：第一，确定多市场接触与企业利润间的关系很困难；第二，多市场接触常与更高的成本和风险相关联，因此将抵消一部分它带来的好处。

多市场接触在民航领域中非常常见。埃文斯和凯赛兹（Evans and Kessides，1994）认为，已经建立了"中枢轮辐式"网络结构的航空公司比其他航空公司获得了更多的成本优势，这种成本差异也体现在航线上。运营成本中的不对称性满足了伯恩海姆和温斯顿（Bernheim and Whinston，1990）提出的假设条件，因此可能导致企业从多市场接触中形成串谋行为，获得收益。西格纳尔（Singal，1996）支持这一观点，他指出在民航领域，航空公司的定价和航班频率可以随时被竞争对手密切监控，因此如果有航空公司背离静默串谋的承诺，它将很容易受到来自其他航空公司的惩罚。此外，无论每个航空公司如何努力区分自己的产品，民航市场上的产品基本上是可替代的。因此，民航业是研究多市场接触的一个理想领域。

尽管这样，民航领域中关于多市场接触的实证研究并不多，相关研究多聚焦在探索多市场接触对市场竞争效应的影响上。在文献中，竞争效应通常是由较高的盈利能力和价格，或较低的市场进入和退出率来衡量的。例如，在研究1984—1988年多市场接触对美国民航票价的影响后，埃文斯和凯赛兹（Evans and Kessides, 1994）得出了民航票价和多市场接触之间存在正向关系的结论，并认为民航业中确实存在"相互容忍"现象。即民航企业努力避免在特定航线上的竞争性定价行为（如价格战），以免在其他航线上遭到报复。与这一发现一致，西格纳尔（Singal, 1996）发现多市场接触的变化对民航票价的影响与市场集中度无关，长途航线上的民航票价与多市场接触的实证检验呈显著正相关关系。他提出，在多市场接触较多的行业中，如民航领域和银行领域，多市场接触的变化比市场集中度的变化更为重要，更需要引起政策制定者的关注。西格纳尔（Singal, 1996）是金和西格纳尔（Kim and Singal, 1993）的延伸，在后者的文章中，只考虑了市场集中度的影响，而没有将多市场接触作为一个独立的控制变量纳入考虑。鲍姆和科恩（Baum and Korn, 1996）使用1979—1984年的数据，聚焦以加利福尼亚为大本营的航空公司的航线的变化，检验了多市场接触对于航空公司进入和退出市场的影响。他们的结果表明：在多市场接触高的市场，航空公司进入和退出市场的比例低，即多市场接触降低了市场的竞争强度。吉梅诺和吴（Gimeno and Woo, 1996）也得出了类似的结论。

鲍姆和科恩（Baum and Korn, 1999）使用动态模型对美国民航市场进行了研究，认为多市场接触对于企业进入、退出市场的影响并非表现为线性，而是表现为一条U形曲线，即当企业间只是在较少的几个市场中接触时，企业进入和退出市场的行为将随着多市场接触的增加而加剧；但随着多接触市场的进一步增加以及企业间相互了解的深入，多市场接触能够有效地降低企业的进入和退出市场的次数。这些研究都证实了在多市场接触更高的市场中，航空公司之间的竞争会变弱。吉梅诺（Gimeno, 1999）、吉梅诺和吴（Gimeno and Woo, 1999）放宽了前人研究中关于多市场接触对于每一条航线都同样重要的假设。吉梅诺（Gimeno，1999）实证检验了在对竞争对手重要的市场上的多市场接触，会导致更显著的"相互容忍"现象。换句话说，多市场接触的影响随着航空公司在航线上的战略地位和市场定位不同而不同。吉梅诺和吴（Gimeno and Woo，1999）发现在美国民航市场上，多市场接触导致的反竞争效应非常明显。这些结论被邹等（Zou et al.，2011，2012），以及西里伯托和威廉姆斯（Ciliberto and Williams，2014）验证。邹等（Zou et al.，2011）发现当具有类似成本结构的航空公司在多个市场相遇时，票价会上升。进一步的，邹等（Zou et al.，2012）发现在同一个航空联盟内航空公司间的多市场接触不会导致票价上升，而在不同航空联盟间的航空公司的多市场接触会导致票价上升。西里伯托和威廉姆斯（Ciliberto and Williams，2014）通过将行为参数加入标准寡头垄断模型中，发现多市场接触高的航空公司间在制定票价时几乎接近于完美串谋。尽管大部分文献支持多市场接触与民航企业串谋行为间的正向关系，小部分文献得出了相反的结论。例如，沙德勒（Sandler，1988）研究了民航领域中企业市场份额的不稳定性，并得出了多市场接触有利于市场竞争的结论。莫里森等（Morrison et al.，1996）实证分析了1979—1995年美国民航市场上激烈的票价竞争的原因，并且认为多市场接触显著与价格战的发生概率正向相关。

国内关于多市场接触的研究很有限。刁昳（2008）定性总结了在多市场接触环境下，引起企业竞争强度下降的五个因素，并指出这些因素相互结合，作用机制往往会表现得很复杂。曾伏娥、袁婧波和郑欣（2014）区分了不同的市场集中度，得出了多市场接触对企业非伦理营销行为有正向影响的结论。于嘉（2013）利用《从统计看民航2010》中的数据，分析了2011年8月1日—8月31日多市场接触对航空公司票价的影响。他的结果表明，多市场接触与民航价格呈现显著正向关系。他认为监管各方不仅要警惕市场兼并带来的市场集中度上升，而且要注意航空公司之间日益增长的多市场接触，即监管各方应将多市场接触纳入政策制定时的考虑因素。

2.2.4 并购对航空公司服务质量和消费者福利的影响

并购是否会损害民航消费者的福利呢？总的来说，当并购造成的效率提升大于市场势力的提升时，民航消费者受益；反之，民航消费者受损。列文（Levine，1987）、布鲁克纳和斯皮勒（Brueckner and Spiller，1991，1994）认为，民航并购可以促使航空公司建立"中枢轮辐式"网络，从而降低运营成本，降低票价，提高民航消费者福利。贝莉和刘（Bailey and Liu, 1995）则认为，只有当并购造成的航线网络规模效应超过票价升高带来的消极效应时，民航并购才能促成民航消费者福利的上升。类似的，内沃（Nevo, 2000）提出，并购带来的生产效率的提高和成本的下降并不一定带来消费者福利的增加，因为并购后增加的市场集中度可能会使市场票价升高。一个完整的并购福利效应分析需要包括供给侧的分析和需求侧的分析。供给侧分析包括对票价、运营成本、利润等的分析，需求侧分析包括对企业服务质量、消费者忠诚度等的分析。在民航领域中，航班频率是衡量航空公司服务质量的一个重要因素（Anderson and Kraus, 1981; Richard, 2003）。

在既有文献关于消费者福利的分析中，需求侧的控制变量常使用企业服务质量来量化。企业服务质量是消费者效用的重要决定因素，但更高的服务质量会导致更高的产品价格。马泽奥（Mazzeo, 2003）发现了市场竞争对航空公司服务质量的正向影响。他认为，市场集中度的升高导致飞机延误的增加，因此，从提高飞机准点率的角度，市场竞争有利于提高航空公司服务质量。理查德（Richard, 2003）使用实际市场数据估测出的参数进行模拟实验，发现民航并购可能会引起市场价格的上涨，但航班频率的增加能够抵消价格上涨带来的福利损失，最终使得消费者福利和社会福利上升。普林斯和西蒙（Prince and Simon, 2017）认为并购从两方面影响民航的服务质量。一方面，航空公司通过并购获得市场势力的提升后，在某些航线上产生垄断，进而可能减少其在服务质量和航班频率上的支出。另一方面，并购后航空公司有更多的固定资产、人员和飞机，这又能帮助它们更灵活地应对突发状况。同时，消除市场上的竞争对手，使并购航空公司专注于自身的发展，也有利于提高服务质量。例如，普林斯和西蒙（Prince and Simon, 2009）发现，当市场上有来自低成本航空公司的竞争时，传统航空公司需要面对更低的价格和更低的成本的竞争，无暇兼顾服务质量，因此传统航空公司的服务质量可能会下降。

上述文献均只考虑了需求侧对消费者福利的影响，近年来的文献在此基础上做了改进，同时考虑了需求侧因素和供给侧因素（Vaze et al., 2017; Doi and Ohashi, 2019）。土井和大桥（Doi and Ohashi, 2019）研究了日本航空（Japan Airlines）与日本佳速航空（Japan Air System）之间的并购，使用嵌套 Logit 效用模型估计了需求函数，使用利润最大化模型估计了供给函数，他们发现并购后航线网络结构重组，带来了运营成本的下降和航班频率的上升，但在并购前两家公司重叠的航线上，他们发现了票价的上升和民航消费者福利的下降。他们的模型中考虑的变量主要有票价、航班频率、航线距离及航空公司品牌的二值变量。在估计出效用函数的系数后，土井和大桥（Doi and Ohashi，2019）使用反事实情景（counterfactual scenario）对比并购发生前后的福利变化。瓦泽等（Vaze et al.，2017）使用多项 Logit 效用模型和双重差分模型研究了五个美国航空公司的并购对民航消费者福利的影响，他们在多项 Logit 效用模型中考虑了多个衡量航空公司服务质量的控制变量，主要有票价、航班频率、飞机大小、飞行距离、航空公司品牌的二值变量、是否为旅游线路等。文章得出结论：五个并购中，只有两个并购提高了消费者福利，这主要是由于并购后航班频率增加；而在市场集中度高的航线上，并购会造成消费者福利损失。估计出效用函数后，瓦泽等（Vaze et al.，2017）使用麦克法顿（McFadden，1978）提出的"消费者剩余变化模型"（ΔCS）和双重差分模型来计算并购前后的消费者福利变化。

由此可知，要分析消费者福利的变化，需要先估计需求（效用）函数。实际上，最直接的求得一系列相似但不相同的产品的需求函数的方法是单独估计出每一个需求方程的系数，但这将使得需要估计的参数数量巨大。为解决这一问题，麦克法顿（McFadden，1973）首次提出了多项 Logit 模型。多项 Logit 模型的理论基础是随机效用理论（random utility theory），这个理论认为理性人做决策的依据是效用最大化（utility-maximizing）（Thurstone，1972）。但是该模型有一定的局限性，它假设产品间的可替代性完全由它们的市场份额决定，而不是由产品间的相似性决定。随后，麦克法顿（McFadden，1978）将该假设放松，在住宅选择模型中通过设置嵌套结构（nested Logit），允许同一社区内住宅之间存在相似性，使用产品层面和市场层面的数据估计了嵌套多项 Logit 模型。但该模型仍然存在问题：第一，获得个体层面的数据并不容易；第二，模型认为所有的解释变量，包括票价，均为外生变量，这与实际情况不符。在传统离散选择模型的基础上，贝瑞（Berry，1994）推导出了改进的离散选择模型。该模型将票价内生化，利用产品市场需求份额数据，首先反向计算出消费者在选择某种产品时获得的平均效用，再利用这些数据进行需求函数估计。贝瑞、莱文森和佩克斯（Berry, Levinson, and Pakes, 1995）在贝瑞（Berry，1994）的基础上进一步做了改进，提出了随机系数离散选择模型。该模型考虑了消费者之间的差异性，假设效用函数的系数对每个消费者是不同的。该模型在以下三个方面比之前的模型优越：第一，模型可以用市场层面的票价和需求数据估计；第二，它考虑了票价的内生性问题；第三，它估计出的需求弹性更加接近实际（Nevo，2000）。由此可知，在估计需求函数时，随机系数离散选择模型比多项 Logit 模型更加优越。

随机系数离散选择模型，或 BLP 模型，近年来在民航研究中得到了广泛的应用。爱尔麦蒂和理查德（Armantier and Richard，2008）使用 BLP 模型研究了美国大陆航空（Continental Airlines）和西北航空（Northwest Airlines）的代码共享对消费者福利的影响。该模型允许消费者在选择价格和飞机属性时存在异质性。贝瑞和贾（Berry and Jia，2010）使用 BLP 模型研究了美国民航市场在 1999 年和 2006 年的需求和供给变化。他们发现，对比 1999 年，2006 年的民航乘客对价格的敏感性变高了 8%，同时乘客更加愿意选择直飞航班。罗（Luo，2015）研究了达美航空（Delta Airlines）与西北航空（Northwest Airlines）并购后辛辛那提（Cincinnati）机场的去枢纽化，以及它对民航消费者福利的影响。王等（Wang et al.，2018）使用 BLP 模型研究了中国民航市场的航空公司竞争行为。

尽管 BLP 模型优势明显且应用广泛，但计算非常复杂。不过，当模型的误差项 ε_{ijt} 被假定为特殊形式时，BLP 模型可以被简化成为嵌套 Logit 模型。例如，土井和大桥（Doi and Ohashi，2019）使用嵌套 Logit 模型推出了两家日本航空公司并购后的需求函数，并进一步求出了消费者福利效应。陈和盖尔（Chen and Gayle，2019）使用相同的模型研究了美国航空公司的并购以及其带来的服务质量效应。王（Wang et al.，2018）的分析发现，利用 BLP 模型估计出的参数与嵌套 Logit 模型估计出的参数高度相似。本书使用 BLP 模型简化后的嵌套 Logit 模型来估计消费者需求函数。第 7 章将具体阐述利用 BLP 模型推导出嵌套 Logit 模型的过程。

关于消费者福利的计算方法，既有文献提出了三种方法：第一种方法是麦克法顿（McFadden，1978）提出的"消费者剩余变化法"（ΔCS）；第二种方法是希克（Hick，1939）提出的"补偿方差法"（CV）；第三种方法是希克（Hick，1939）提出的"等价方差法"（EV）。表 2.2 列出了使用以上方法研究消费者福利的文献。在估计出需求函数及消费者效用函数的具体形式后，本书使用第一种方法"消费者剩余变化法"计算航线层面的消费者福利。在

第 7 章中将具体阐述计算消费者福利的公式和方法。

表 2.2 研究消费者福利的文献一览

作者	样本	研究方法	结论
爱尔麦蒂和理查德（Armantier and Richard, 2008）	美国大陆航空和西北航空代码共享	补偿方差法	代码共享协定提高了转机乘客的福利，但是降低了直飞乘客的福利。影响消费者福利变化的因素主要来自包括价格在内的产品特性
罗（Luo, 2015）	DL-NW 并购	补偿方差法	并购后消费者福利上升，上升的原因主要是更高的航班频率和更低的定价
伊斯立等（Israel et al., 2013）	DL-NW 并购	消费者剩余变化法	重叠航线和非重叠航线上的消费者福利都增加了
土井和大桥（Doi and Ohashi, 2019）	JAL-JAS 并购	消费者剩余变化法	整体消费者福利上升，多寡头竞争航线上消费者福利比寡头竞争航线上消费者福利上升更多
瓦泽等（Vaze et al., 2017）	2005—2015 年美国民航市场上的五个并购	消费者剩余变化法	DL-NW 和 UA-CO 并购后消费者福利上升，高集中度市场上消费者福利下降

资料来源：根据既有文献整理所得。

2.2.5 民航并购的其他效应

（1）并购对航空公司成本和效率的影响。根据效率理论和规模经济贸易理论，并购能够降低企业的成本、提高企业的运营效率。然而，很多研究发现，放松管制和增加竞争能够提高企业的运营效率。因格拉达等（Inglada et al., 2006）的研究发现，放松管制后，增加的竞争为亚洲航空公司带来了显著的成本下降。该结论也在昂卡瓦（Encaoua, 1991）；欧姆和于（Oum and Yu, 1995）；费希等（Fethi et al., 2000）；付等（Fu et al., 2010）的研究中被证实。如果竞争能够显著提高运营效率，那么长期看并购不仅不能降低成本，反而会增加成本。原因是并购，尤其是重叠航线上的并购会引起竞争的损失。

在相关文献中，很少有研究直接估计并购后航空公司成本的变化。大部分研究都是通过票价的变化来判断并购对成本的影响。如果并购后票价下降，则认为并购带来的效率的增加多于市场势力的增加；若并购带来的市场势力的增加大于效率的增加，则票价上升。然而，除票价之外，其他因素（如服务质量）也会影响航空公司的成本和市场势力，因此，单纯通过票价的变化来判断航空公司成本的变化并不准确。更好的方法是使用结构方程模型将民航竞争行为内生化，继而在市场一般均衡结果中推得成本的变化。例如，盖尔和乐（Gayle and Le, 2013）使用结构方程模型研究了 Delta/Northwest 和 United/Continental 两个并购案例，发现这两个并购带来了边际成本和固定成本的下降，但市场进入成本却增加了。使用结构方程模型可以估计出航线层面的成本效应，但遗憾的是无法估计出航空公司层面的成本效应。

在衡量企业效率时，一个经典的方法是全生产要素法（TFP）。王等（Wang et al., 2014）使用 TFP 法测算了中国民航公司 2001—2010 年的效率变化。计算结果表明，十年间，中国航空公司的效率稳步提升，但依然落后于发达国家的航空公司。但这篇文章不能证明并购导致了航空公司效率的升高，因为效率的升高有可能是其他非并购因素引起的。为剔除其他非并购因素的影响，在此基础上，严等（Yan et al., 2016, 2019）使用同样的数据，建立双重差分模型并进行了实证分析。实证结果验证了王等（Wang et al., 2014）的结论，发现发生在 2002 年的中国民航企业重组确实为中国航空公司带来了效率的提升。

（2）并购对航空公司网络结构的影响。如前所述，规模经济效应广泛存在于民航业中（Brueckner and Spiller, 1991；Caves et al., 1984）。大的客运量使航空公司能够使用更大、更高效的飞机，并且使航空公司得以实现更高的上座率，固定成本（包括机场设施、地面设施、与航线进入相关的成本等）得以均摊到更大的产出上。布鲁克纳和斯皮勒（Brueckner and Spiller, 1991）提醒反垄断机构要警惕航空公司通过并购构建"中枢轮辐式"网络。由于"中枢轮辐式"网络中的分支将客流量分散开来，在"中枢轮辐式"网络结构中，存在成本互补现象。成本互补现象是指：一方面，分支上的竞争可以降低市场票价并提高消费者福利；另一方面，现有航空公司的客流量因分流而减少，这将导致位于"中枢轮辐式"网络中其他分支上的航空公司的边际成本和票价升高。即，从社会福利的视角看，成本互补性可能产生负面的竞争外部性。

航空公司竞争与网络结构间具有动态关系。以美国民航市场为例，1979年民航市场放松管制后，很多新公司进入市场。20世纪80年代之后，很多航空公司由于并购或破产退出了市场，存活下来的航空公司逐步发展成了"中枢轮辐式"网络。波伦斯坦（Borenstein，1992）认为，大部分机场只能够承担一家大型航空公司的日常运营，"中枢轮辐式"网络使得大型航空公司在这些枢纽机场上形成垄断势力，削弱了这些机场上的竞争程度。综上所述，"中枢轮辐式"网络结构是一把双刃剑。一方面，它使已经建成"中枢轮辐式"网络结构的航空公司提高了运营效率和服务质量；另一方面，航空公司在枢纽机场上的垄断势力又将造成枢纽机场上竞争减少，不利于还未建成"中枢轮辐式"网络结构的航空公司参与竞争。

尽管航空公司重建网络结构非常耗费时间，但既有研究发现有些并购确实导致了显著的网络结构的变化。比洛特卡奇等（Bilotkach et al.，2013）将航空公司的网络构建过程建成了模型。他们的分析结果表明，并购之后，第一枢纽机场与第二枢纽机场间的服务质量差别会增大，更多的航班将被吸引到更高服务质量的枢纽机场上。他们分析了达美航空（Delta Airlines）和西北航空（Northwest Airlines）并购后枢纽机场的航班频率，发现新达美航空将更多的飞机派往第一枢纽机场亚特兰大和盐湖城，同时关闭了位于辛辛那提和孟菲斯的较小的枢纽机场。类似的，罗（Luo，2015）分析了同一个并购案例的网络效应。她发现，尽管并购后新达美航空取消了部分直接飞往辛辛那提的航班，但达美航空降低了中转航班的票价，并提高了航班的频率。因此，辛辛那提机场去枢纽化的政策实际上提高了中转乘客的福利。

（3）民航并购与低成本航空。美国民航市场放松管制后，一部分低成本航空公司在与传统航空公司的竞争中获得了利润。与传统航空公司不同，低成本航空公司不提供餐饮、托运等附加服务。在美国民航市场上，很多研究发现低成本航空公司的进入显著降低了服务该航线及其周边航线的全价航空的票价（Dresner et al.，1996；Morrison，2001；Windle and Dresner，1995，1999）。罗（Luo，2014）研究了美国达美航空与西北航空并购发生后的票价效应。她发现在两家航空公司并购前重叠的航线上，票价仅稍有增长；在非重叠的航线上，票价没有增长。她认为这是由于并购后航线上的低成本航空公司对传统航空公司的票价施加了很大压力。但需要注意，在未放松管制及机场机位有限的民航市场上，低成本航空能够提供的竞争是有限的。例如，付等（Fu et al.，2015）发现，中国民航市场上最大的低成本航空公司——春秋航空的进入并未引起其他航空公司票价的下降。

低成本航空公司间并购的形式与传统航空公司类似。多布森和皮加（Dobson and Piga, 2013）研究了欧洲低成本航空公司间的两大并购案例——易捷航空（EasyJet）收购高飞航空（Go Fly），以及瑞安航空（Ryanair）收购巴兹航空（Buzz）。他们的实证结果表明，并购后收购航空公司的飞机座位数和飞行班次都显著增加、票价显著下降，同时被收购航空公司的客座率提高了。这些变化在并购后的第一年即显现出来了，说明被收购航空公司并购后立刻适应了并购航空公司的商业模式。因此，这两大并购后航空公司的效率获得了提升、民航消费者福利得到了提高。另一方面，传统航空公司与低成本航空公司间的并购并不常见。法格达和费迪格罗（Fageda and Ferdiguero, 2014）研究了发生在西班牙的一家传统航空公司伊比利亚航空（Iberia）和两家低成本航空公司克星克航空（Clickair）、伏林航空（Vueline）并购后的效应。他们发现在两家低成本航空公司竞争的航线上，飞行班次减少、票价变化不大；在传统航空公司与低成本航空公司相竞争的航线上，飞行班次变化不大、票价显著上升。因此整体上，这个并购导致了消费者福利的损失。但是，并购的长期效应并不清楚。

（4）民航并购与高铁。高铁是指运营速度大于200千米/小时的高速列车。既有文献发现，在短途飞机航线上，高铁对民航有显著的影响。例如，在欧洲市场上，运营时间在2~2.5小时的高铁，造成飞机的服务质量、飞机座位数、飞行班次都显著减少（Dobruszkes et al.，2014）。贝伦斯和佩尔斯（Behrens and Pels, 2012）发现在伦敦—巴黎的航线上，当旅行时间在145~160分钟时，高铁占据整个市场份额的50%。陈（Chen, 2017）发现在中国民航市场上，运营里程介于201~501千米的高铁显著引起了民航客运量的下降。因此，在短途航线上，与低成本航空类似，高铁可以看作民航的替代交通工具，特别是在中国这样一个高铁网络高度发达的国家。中国政府在2004年首次提出高铁发展计划，截至2016年，中国高铁里程已达2.2万千米，长度超过世界上所有其他国家高铁长度的总和，总里程占世界高铁里程的65%。中国大规模高速铁路的建成，尤其是时速350千米以上的列车的开通，大大减少了旅客出行的时间，也给民航带来了巨大的挑战。2016年7月，中国政府公布了"中长期铁路网规划"，到2025年，要建成总里程3.8万千米的高铁网络。基于这个计划，中国高铁网络最终将形成"八纵八横"的局面，大部分城市都将被高铁网络连接，包括中西部经济、人口欠发达地区。东上并购和国深并购显著减少了市场中来自其他航空公司的竞争，但来自高铁的竞争并未受到影响。高铁由于具备低票价、高运营频率、较少受到天气影响的高准点率等特点，非常受消费者欢迎。因此，在研究东上并购和国深并购对民航市场造成的影响时，必须考虑高铁的因素。目前研究东上并购的文献中，还没有文献将高铁作为控制变量纳入模型，本书在这一方面对既有文献做出补充。

（5）民航并购的动态影响。民航并购的动态影响体现在某一个并购案例可能导致其他并购呈浪潮般集中发生。这个现象已经被实证和理论研究所证实（Town，1992；Nilssen and Sorgard，1998）。当最先发生的并购促进了航空公司效率的提高时，它会触发竞争对手做出相似的决策。当并购连续发生时，会导致并购的内生性问题，并购的净效应将很难被量化。很多研究试图间接通过股价和股东收益来衡量并购的效应。这种分析的逻辑是，如果并购提高了航空公司的市场势力或导致了串谋行为，那么并购航空公司及竞争对手应当获得更高的利润，即资本市场能够通过航空公司的股价反应捕捉到并购的效应。斯洛文等（Slovin et al.，1991）通过分析发生在1965—1988年的美国民航市场上42个横向并购案例，发现在美国市场放松管制之前，随着行业集中度的升高，并购方、被并购方，以及竞争对手的股价都显著上涨，获得可观的收益。但美国市场放松管制后，实证分析没有发现并购导致相关企业股价上涨、收益提高的证据。

并购的动态效应应当引起反垄断机构和政策制定者的重视。莫里森和温斯顿（Morrison and Winston，1989）提出，美国的公共政策未能及时应对放松管制后民航市场发生的并购案例造成的影响。政策的滞后性对整个管制系统造成了负面影响。例如，有不少发生在这一时期的并购造成航空业巨头对主要机场控制的加强，这进一步加剧了机场拥堵的问题。严重的机场拥堵又将触发安全事故，并最终损害市场竞争。莫里森和温斯顿（Morrison and Winston，1989）认为，长期来看，当公共政策对并购的反应出现滞后时，将损害社会福利。

（6）民航并购的补偿措施。近年来，越来越多的民航并购申请在提出了并购补偿措施（remedy policy）后，获得了反垄断部门的批准。莱维奎和舍兰斯基（Leveque and Shelanski，2003）提到了多种补偿措施，例如：行为承诺（conduct commitment），指公司重组前，参与并购的公司承诺并购后不主动提价、不损害市场竞争等；降低壁垒（provision of access），指在公司重组后，适当降低产业进入壁垒，使新成立的公司也能较容易地进入市场；资产剥离（divestitures），指在公司重组的过程中，将公司的一部分向外界出售，缩小公司的经营范围，将出售资产所获得的资金投入到新的经营领域，从而实现经营范围的调整。尽管补偿措施是一个很好的工具，能够有效解决民航并购后市场竞争减少的问题，但实证研究补偿措施效果的文章却很少。土井和大桥（Doi and Ohashi，2019）第一次从实证角度分析了日航和日本佳速航空并购后补偿措施的效应。日本反垄断机构日本公平交易委员会（Japan Fair Trade Commission）在审批该并购案时提出条件，要求两家航空公司并购后将部分位于羽田机场的机位出让给竞争企业，并购后日航按照要求出让了其在羽田机场的五个机位，这属于补偿措施中的资产剥离范畴。土井和大桥（Doi and Ohashi，2019）构造了一个并购后日航未出让其机位的虚拟情景，并模拟分析了该虚拟情景下消费者福利的效应。他们发现，并购后机位的重组对提高消费者福利的作用有限。土井和大桥（Doi and Ohashi，2019）建议反垄断部门采用其他补偿措施，如设置市场价格上限、要求并购公司在一定时间范围内提供较高的航班频率等。

2.2.6 文献评述

本章首先阐述了本书研究的理论基础：并购的市场势力理论、效率理论和SCP范式理论。之后，对研究民航并购的经济学效应的国内外文献进行了回顾和总结。具体而言，本章依次回顾了并购对航空公司票价和市场势力的影响研究、并购对航空公司国际竞争力的影响研究、并购对航空公司间串谋行为的影响研究、并购对航空公司服务质量及消费者福利的影响研究、并购对航空公司成本和效率的影响研究、并购对航空公司网络结构的影响研究、民航并购的长期动态影响研究及并购的补救措施研究。

第一，在研究民航并购的价格效应领域，既有文献结论表明，民航并购的价格效应在不同网络类型的航线上有所不同。重叠航线上的并购一般会导致票价显著上升，互补航线上的并购一般会使票价维持不变或降低。因此，在考量并购的票价和市场势力效应时，需要区分航线网络结构。民航并购势必引起市场势力的升高，但是，并购造成的市场势力的升高是否会进一步引起航空票价的升高则需要根据并购案例具体分析。当并购造成的效率的提升大于市场势力的提升时，航空票价将保持不变甚至下降；反之，航空票价将升高。中国民航市场上的相关研究非常少，且多为定性研究。为数不多的定量研究仅关注了东上并购，而国深并购还未被研究过。本书将首次对比分析东上并购和国深并购造成的不同的价格效应。

第二，航空公司在国内市场势力的改变会影响其在国际市场中的竞争力。目前，学者们关于航空并购的动因的看法分为两派。一方认为，根据并购的效率理论，航空并购使航空公司获得效率，从而得以建立"中枢轮辐式"网络来降低成本（Levin, 1987; Brueckner and Spiller, 1991, 1994; Brueckner, et al., 1992）。另一方认为，根据并购的市场势力理论，民航并购使公司获得的市场势力和提高价格的能力是促成并购的原因（Borenstein, 1989, 1991; Werden et al., 1991; Kim and Singal, 1993）。然而，大部分研究都仅将民航并购看作是由国内市场的需求和供给等因素的驱动造成的，而忽略了国际市场的影响。事实上，由规模经济贸易理论可知，民航并购也对航空公司的国际竞争力造成影响，提高航空公司在国际市场上的竞争力也可以看作促成航空公司并购的动因之一。国外经典文献常用的衡量国际竞争力的指标有企业国际市场份额和企业国际市场利润。国内既有研究非常有限。李春玲和王彧（2013）、李春玲和朱启华（2015）建立了基于并购重组视角的航空公司国际竞争力评价指标体系，使用因子分析的方法，从宏观角度对并购发生前后的主要国际竞争力评价指标进行评分，从而对比东上并购前后东航集团的国际竞争力变化。该方法无法估计航空公司在具体航线上的国际竞争力变化，仅能够从较宏观的角度得出结论。

第三，民航并购对民航消费者福利的影响取决于两方面的因素。其一，从供给侧的角度，取决于航线上的规模经济效应和市场势力效应的大小。其二，从需求侧的角度，取决于航空公司服务质量的优劣。在实证分析中，供给侧的变化常使用票价度量，需求侧则常使用航班频率、飞机准点率、乘客投诉率等变量度量。总的来看，在市场集中度高的航线上，并购更可能造成民航消费者福利的损失；而在航班频率更高的航线上，并购则更可能造成民航消费者福利的提高。估计消费者福利的变化往往需要先估计消费者效用函数，估计时需要同时控制供给侧和需求侧的影响因素。现有文献中定量分析中国民航消费者福利的研究非常少，只有胡瑞娟（2009）使用国内民航市场的反需求函数，从供给侧的角度，以市场集中度指标为关键解释变量，测算了中国民航市场竞争对消费者福利的影响。胡瑞娟（2009）为探索中国民航市场的消费者福利做出了有价值的尝试。本书在胡瑞娟（2009）的基础上做了两个改进：首先，使用由效用函数推导出的消费者离散选择需求模型，比市场均衡条件下的经典需求模型所得出的价格弹性估计更加准确；其次，胡瑞娟（2009）只考虑了供给侧（市场集中度）对消费者福利的影响，没有将需求侧的变量包含在模型中，本书同时控制了两个方面的影响因素。

第四，重叠航线上的民航并购能够提高市场集中度，导致几家大型航空公司间的多市场接触增多。当航空公司在多个市场上都有接触时，有可能都采取"相互容忍"的竞争行为，以防止在其他市场上被竞争对手报复，这就引发了航空公司间的串谋行为。既有文献中定量研究中国民航市场多市场接触问题的文章很少。目前只有张和罗迪（Zhang and Round, 2011）以及于嘉（2013）两篇相关文章。需要注意的是，张和罗迪（Zhang and Round, 2011）使用的是2002—2004年的数据。从2004年至今，中国民航市场的政策、市场结构、定价策略发生了深远的变化。例如，在他们的研究区段内，中国还没有民营航空公司及低成本航空公司。另外，张和罗迪（Zhang and Round, 2011）研究期间，中国还没有建成高铁。在很多航线上，高铁引起了航空客运量的显著下降，甚至导致不少航线上的航空公司撤出市场。本书使用2007—2016年的数据，控制了民营航空、低成本航空和高铁的效应，在张和罗迪（Zhang and Round, 2011）的基础上做了扩展。而于嘉（2013）的数据仅覆盖了一个月，并且《从统计看民航》中没有航空公司-航线层面的具体票价信息，因而无法进行航空公司间竞争行为的分析。

第五，直接测算民航并购产生的成本效应和效率效应的文献并不多，大多数文献根据并购后票价的变化判断并购是否带来了成本节约。概括来说，如果并购实现了规模经济效应，并且没有显著减少市场上的竞争，则并购能够实现成本节约和效率提升；反之，并购会损害竞争，造成成本上升和效率下降。但是，除票价之外，服务质量、民航网络结构等也对成本和效率造成影响，因此未来的研究不仅需要考虑票价的效应，还要综合控制其他影响航空公司成本的因素。

第六，民航并购对网络结构的影响是一个长期的过程。既有研究证实了部分并购使航空公司从"点对点式"网络发展成为"中枢轮辐式"网络。无疑，"中枢轮辐式"网络能够降低市场平均运营成本和固定成本；但另一方面，也可能导致特定航空公司在枢纽机场形成垄断势力，从而减少其他航空公司的有效竞争，甚至进一步造成机场拥堵，损害消费者福利。因此，衡量民航并购对网络结构的影响时，需要综合考虑成本和竞争的关系，避免判断失之偏颇。

第七，来自低成本航空及高铁的竞争可能有效抑制并购后航空公司票价的上升，对消费者福利有益。但既有研究发现，在未完全放开管制的民航市场上，来自低成本航空的竞争作用非常有限。高铁作为短途旅行中民航的替代交通方式，应在研究民航并购效应的模型中加以控制。

第八，民航并购对整个民航市场可能具有动态影响。既有文献发现，民航并购常常集中发生，一起民航并购案例会触发更多民航并购案例发生。这一方面使得量化特定民航并购的效应变得困难，另一方面对政策制定者和反垄断机构来说也是不小的挑战。在反垄断机构审批民航并购案时，需要综合考量其可能产生的长期动态效应。若市场上可能出现其他并购案，则需要相关机构及时做出判断和反应，才能最大限度保护消费者福利和社会福利不受损害。

第九，补偿措施对于降低民航并购给消费者带来的损害十分重要。反垄断机构应当在审批民航企业并购案时要求并购方提出行之有效的补偿措施，并在并购后督促并购方兑现承诺。关于研究并购后的补偿措施是否有效的文献有限，未来需要更多的实证研究、案例分析关注该问题。

由以上总结可知，既有文献中聚焦中国民航市场的研究非常少，且国深并购还未被研究过。中国民航市场经历了2010年的两大并购后，国航集团和东航集团得以在短时间内迅速扩张其运营网络，市场中的竞争者减少，从而导致航空公司市场势力和多市场接触急剧上升。由于重叠航线上的并购与互补航线上的并购产生的经济效应可能大不相同，研究并购的效应时需要考虑不同的航线网络类型。发生在同一年的东上并购和国深并购，前者是重叠航线上的并购，后者是互补航线上的并购。这为研究者提供了非常难得的研究视角。

本书使用跨度十年的面板数据，根据市场势力理论和并购的单边效应现象，对比分析东上并购和国深并购的市场势力效应和价格效应。随后，基于 SCP 范式理论和效率理论，对比分析东上并购和国深并购对其在国际民航市场上的竞争力的影响。最后，根据市场势力理论、效率理论和并购的协调效应现象，对民航并购造成的航空公司串谋行为，以及中国民航消费者的福利影响做出细致的分析。本书的研究结论对既有文献做出了补充，并为中国民航政策制定者和反垄断机构提供了实践依据。

3 民航市场概况

本章首先利用描述统计数据介绍 2007—2016 年中国民航市场的发展情况。其次计算了赫芬达尔-赫希曼指数及勒纳指数。最后，从总资产、总负债、净利润、机队规模、收入客公里、运输总周转量、飞行班次七个维度，对比了两大并购发生前后东航集团及国航集团的相关指标变化。

3.1 国内民航市场概况

中国民航市场是世界上发展速度最快的民航市场（以总客运量计）。从 2007 年到 2016 年，旅客运输量从 1.9 亿人次增加到 4.9 亿人次。自 2014 年起，中国民航市场的客运量仅次于美国民航市场，居世界第二位。如图 3.1 和图 3.2 所示，2016 年的客运量比 2007 年的客运量增长近 2 倍，飞行班次增长 1 倍多。截至 2016 年底，中国民航市场共有航空公司 59 家，其中，国内航线上客运量最大的前十一家航空公司分别为中国国际航空公司、中国东方航空公司、中国南方航空公司、海南航空公司、上海航空公司、深圳航空公司、厦门航空公司、四川航空公司、山东航空公司、春秋航空公司和吉祥航空公司。其中，春秋航空是中国最大的低成本航空公司，其客运量在 2014 年在所有国内航空公司中排名第十。从图 3.3 中可以看到，这十一家航空公司的市场占有率达到 75%。国航集团（国航公司+深航公司）、东航集团（东航公司+上航公司）、南航集团 2016 年旅客客运量市场份额分别占比 18.6%、15.9% 和 16%，合计占整个民航市场 50.5% 的市场份额，国内民航市场结构呈现典型的寡头垄断市场结构。

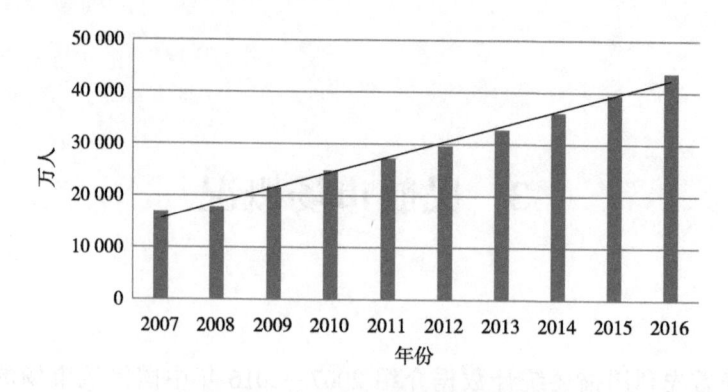

图 3.1　2007—2016 年民航国内市场客运量

资料来源：根据 WIND 数据库数据整理得出。

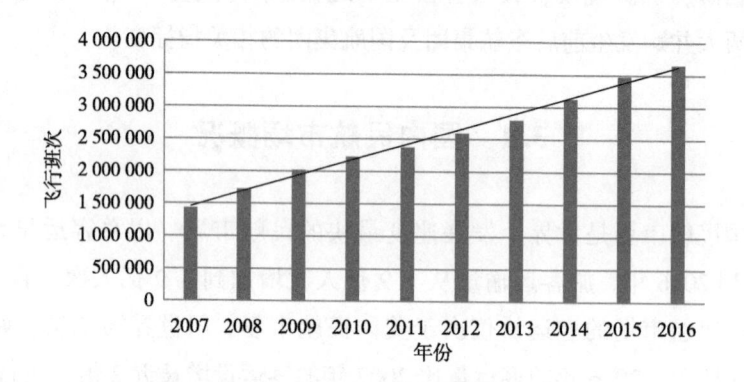

图 3.2　2007—2016 年民航国内市场飞行班次

资料来源：根据 WIND 数据库数据整理得出。

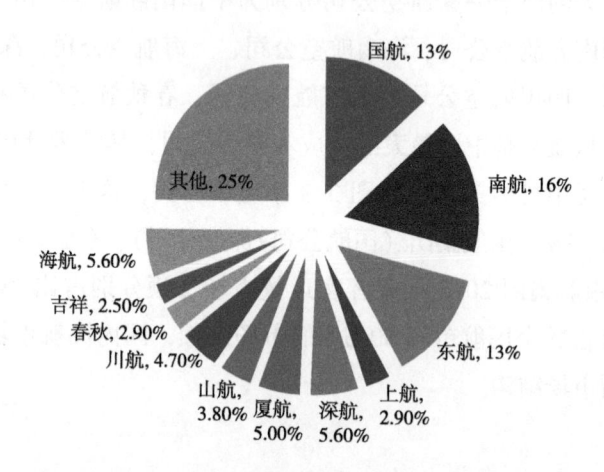

图 3.3　2016 年各大航空公司所占国内航线市场份额

资料来源：根据《从统计看民航 2017》整理得出。

3.2 国内航线市场势力分析

在实证研究中,常用的衡量市场势力的指标有三个:行业集中度指数(CR Index)、勒纳指数(Lerner Index)和赫芬达尔-赫希曼指数(Herfindahl-Hirshchman Index)。下面详细介绍这三个指标并对比分析各自的优缺点。

3.2.1 行业集中度指数

行业集中度指数是指产业中企业分布的指数,该指数高,说明行业中企业分布集中,有具备垄断势力的大企业;该指数低,说明行业中企业分散,缺乏具备竞争力的大型企业。常用指标有 $CR4$ 和 $CR8$。其计算公式如下:

$$CR4 = \sum_{i=1}^{4} S_i \% \tag{3.1}$$

$$CR8 = \sum_{i=1}^{8} S_i \% \tag{3.2}$$

上式中 $S_i\%$ 为企业 i 的市场份额($i=1, 2, \cdots, n$),因此,$CR4$ 表示该行业中市场份额最大的四个企业的市场份额的和,而 $CR8$ 表示该行业中市场份额最大的八个企业的市场份额的和。由于很多学者认为行业集中度指数不能准确反映市场势力(Feinberg,1980;Kim and Esmeralda,1986;Yang et al.,2005),本书仅对该指数做简要介绍,在后文的计算和分析中,将重点使用赫芬达尔-赫希曼指数和勒纳指数。

3.2.2 赫芬达尔-赫希曼指数

市场势力的第二个衡量指标是赫芬达尔-赫希曼指数。在研究航空领域的很多文献中,该指标常用来衡量航空公司市场势力的变化(Zhang and Round,2009;Huschelrath and Muller,2014;Kwoka and Shumilkina,2010)。其具体而言计算公式如下:

$$HHI = \sum_{i=1}^{N} S_i^2 \tag{3.3}$$

式中,S_i 表示整个行业的 N 家企业中第 i 家企业的市场份额,常用的指标包括市场占有份额、市场销售份额、利润份额等。其值分布范围为 10 000/n~

10 000，最大值为企业寡头垄断市场的情形，最小值为 n 个企业均匀瓜分市场的情形。

从式（3.3）可以看出，该指标同时在企业绝对数目和企业相对规模两个层面上反映市场势力的大小：一方面，当市场上提供产品的企业数量较少时，赫芬达尔-赫希曼指数往往较高，此时市场结构比较接近垄断，参与市场竞争的少数几家企业具有较大的议价能力；另一方面，在企业的数目一定的条件下，市场份额在企业间分配不均匀，即企业的相对规模差别较大时，赫芬达尔-赫希曼指数也往往较高，此时参与竞争的企业数量也许不少，但数家较大的企业控制了大部分的市场，因此具有较大的市场支配力量，其他的企业无法对大企业的支配地位造成显著的影响。

赫芬达尔-赫希曼指数作为集中度指标之一得到了广泛的应用，但有学者认为赫芬达尔-赫希曼指数并不能真实反映市场的竞争程度。例如，根据费歇尔和凯默斯琴（Fischer and Kamerschen，2003）及张和罗迪（Zhang and Round，2009）的研究，市场的集中度并不能有效衡量市场竞争程度，二者之间的关系很弱，甚至没有。并且，根据张等（Zhang et al.，2013）的研究，赫芬达尔-赫希曼指数具有明显的局限性：一方面，它描述的是整个产业的集中度情况，当研究对象是具体企业时，它无法发挥作用；另一方面，当存在替代产业时，它无法将来自其他替代产业的竞争包含进去。事实上，在现代产业实证研究中，赫芬达尔-赫希曼指数通常只是作为一个解释变量，用来衡量对市场势力或者产品价格的影响（张琼，2013）。随着新产业组织理论的发展，勒纳指数逐渐获得了实证经济学家的青睐。

3.2.3 勒纳指数

衡量市场势力的另一个重要指标是勒纳指数。该指标由勒纳（Lerner，1934）提出，它衡量的是价格偏离边际成本的程度。范伯格（Feinberg，1980）指出勒纳指数是比市场集中度更好的度量市场势力的指数；金和艾斯梅拉德（Kim and Esmeralda，1986）认为勒纳指数可以很好地捕捉到跨国企业的超额市场价值；杨等（Yang et al.，2005）验证了勒纳指数可以较准确反映出市场势力，而 CR 指数（行业集中度指数）不能正确反映市场势力。勒纳指数被广泛应用在很多行业中，如银行、金融、能源领域（Oliver et al.，2006；Ariss，2010；Nguyen et al.，2012），报纸领域

(Hervani，2005)、铁路领域（Ivaldi and McCullough，2007)、煤矿领域（Wolak and Kolstad，1988）和传媒领域（Kahai et al.，1996)。但它在航空领域中被应用得不多。费歇尔和凯默斯琴（Fischer and Kamerschen，2003）估计了29对机场对的勒纳指数。库特鲁和西克尔斯（Kutlu and Sickles，2012）使用动态效率调节后的勒纳指数研究了美国航空公司在两个城市对之间的航线上的市场势力。根据勒纳的研究，可以使用如下公式来测度市场势力：

$$L_{ijt} = (P_{ijt} - MC_{ijt})/P_{ijt} \qquad (3.4)$$

式中，L_{ijt} 是航空公司 i 在航线 j 于时间 t 时的勒纳指数，P_{ijt} 是航空公司 i 在航线 j 上于时间 t 时的票价，MC_{ijt} 是相对应的航空公司边际成本。L_{ijt} 的绝对值的范围是0到1，当航空公司在时间 t 时在某条航线上的市场势力越强时，L_{ijt} 的值越大。

根据张等（Zhang et al.，2014）的研究，目前有两种常用的计算航线层面的航空公司边际运营成本的方法。第一种方法是借助总成本函数，通过计量的方法对总成本函数的系数进行估计，从而得到产品的边际成本，费歇尔和凯默斯琴（Fischer and Kamerschen，2003)、水谷（Mizutani，2011）等采用了这种方法求得相应航空公司的边际成本，但当对成本有重要影响的变量数据不可得时，例如中国民航业中航空公司人员的工资等变量的数据无法获取时，这种方法无法使用。第二种方法是由布兰德和张（Brander and Zhang，1990，1993）提出的边际成本估计方法，本书采取这种方法估计航空公司的边际运营成本。布兰德和张（Brander and Zhang，1990，1993）定义航空公司 i 在航线 j 上 t 时期的边际成本为：

$$MC_{ijt} = CPK_{it}(D_j/AFL_{it})^{-\theta}D_j \qquad (3.5)$$

式中，D_j 是航线距离，AFL_{it} 是航空公司 i 在时间 t 时飞行的平均距离，CPK_{it} 是每人每千米航空公司 i 在时间 t 时的成本，θ 是一个位于0和1之间的未知参数。张等（Zhang et al.，2014）使用中国民航的数据估计出了 θ 是0.4左右，这与欧姆等（Oum et al.，1993）和村上（Murakami，2011）的发现很接近。欧姆等（Oum et al.，1993）采用美国主要机场的数据，运用最大似然估计方法算得 $\theta = 0.430$；村上（Murakami，2011）运用日本的民航业数据，由非线性最小二乘法估计得出 $\theta = 0.374$。因此，不失广泛性地，在本书中，θ 值被设定为0.4。

下面将分别计算中国民航市场和国际民航市场上的赫芬达尔-赫希曼指数和勒纳指数，对中国民航企业在国内、国际民航市场上的市场势力做出分析。

3.2.4 赫芬达尔-赫希曼指数

根据式（3.3），中国民航市场上平均 HHI 指数值的描述统计如表 3.1 所示。

表3.1 中国民航市场上的 HHI 指数

变量名称	观测值个数	平均值	标准差	最小值	最大值
国航市场 HHI	6 238	5 612.22	2 154.95	2 083.84	10 000
东航市场 HHI	8 641	5 976.99	2 296.58	2 057.36	10 000
深航市场 HHI	3 081	5 381.84	1 897.47	2 083.84	10 000
上航市场 HHI	2 182	4 892.36	1 762.29	2 057.36	10 000
样本中全部中国民航市场的 HHI	21 609	4 388.06	2 025.07	1 524.93	10 000

费利洛夫（Djolov，2013）根据赫芬达尔-赫希曼指数的高低把市场划分为完全竞争、垄断竞争、寡头垄断与完全垄断四个类别，具体来说，$0 \leqslant HHI \leqslant 2\ 000$ 的市场为完全竞争市场，$2\ 000 < HHI \leqslant 4\ 000$ 的市场为垄断竞争市场，$4\ 000 < HHI \leqslant 7\ 000$ 的市场为寡头垄断市场，HHI 超过 7 000 的市场为垄断市场。由表 3.1 可知，样本中中国民航市场的平均 HHI 指数在 4 000~7 000，说明中国民航市场的集中度非常高。中国民航市场目前属于寡头垄断市场，与本书引言部分的分析相符。

图 3.4、图 3.5 分别是东航与上航，以及国航与深航的年度 HHI 指数走势图。从图中可以看出，2010 年以后，四大航空公司的 HHI 指数均出现了显著的上升，意味着东上并购显著增加了东航和上航在国内市场上的市场势力，国深并购显著增加了国航和深航在国内市场上的市场势力。

3.2.5 勒纳指数

根据式（3.4）和式（3.5），以及国航和东航的季度、年度报告，东航和国航在中国民航市场上的勒纳指数如表 3.2 所示。注意，由于并购前上航

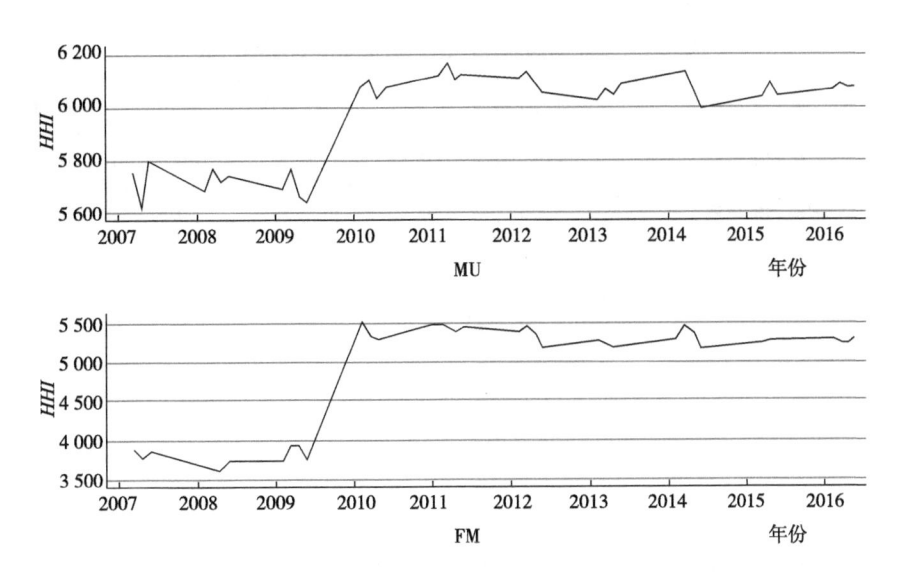

图 3.4　东航及上航在中国民航市场上的 *HHI* 指数走势

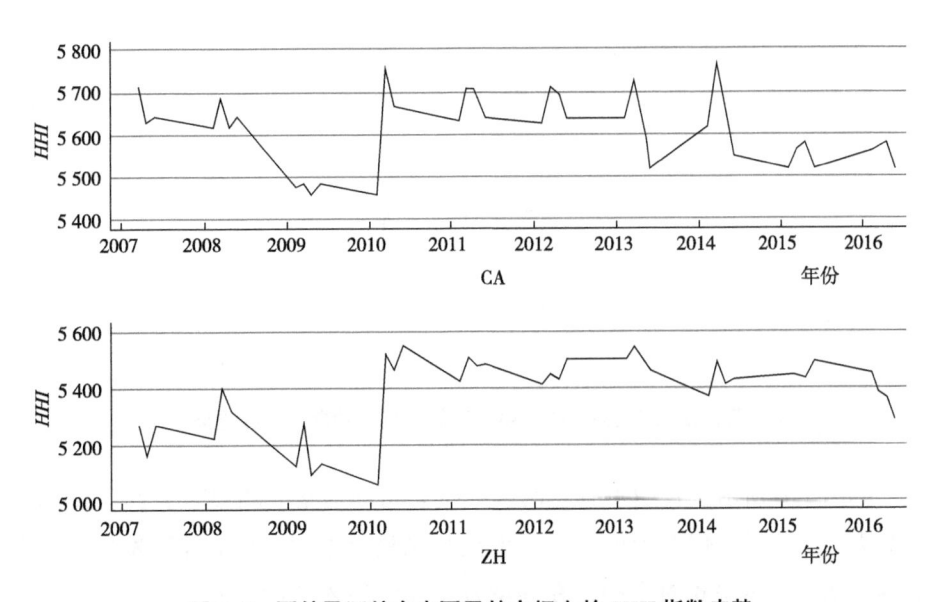

图 3.5　国航及深航在中国民航市场上的 *HHI* 指数走势

和深航为非上市公司，无法获得它们的财务报表，进而无法计算它们的勒纳指数。表 3.2 是基于国航、东航计算出的勒纳指数，而非基于国航和东航的结果。图 3.6 对比画出了国航与东航的勒纳指数走势图。

表 3.2　东航与国航在中国民航市场上的勒纳指数

变量名称	观测值个数	均值	标准差	最小值	最大值
东航勒纳指数	8 641	0.37	0.25	-0.92	0.66
国航勒纳指数	6 238	0.25	0.33	-0.97	0.77

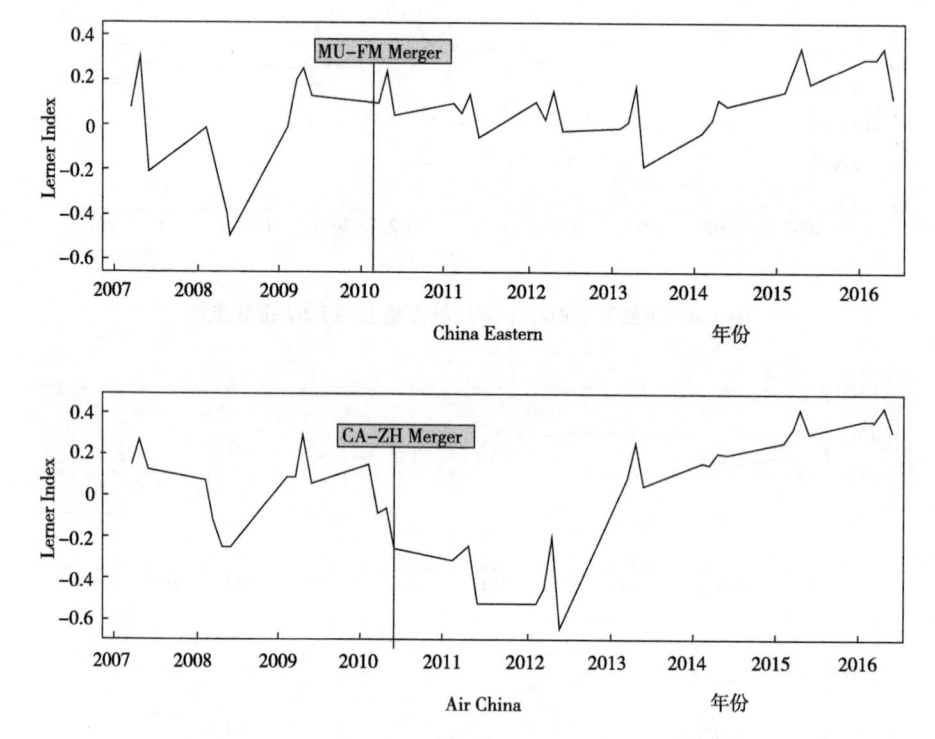

图 3.6　东航和国航在中国民航市场上的勒纳指数走势

如图 3.6 所示，长期来看，两家航空公司勒纳指数均显著升高，说明市场势力显著上升。但两家航空公司的走势又稍有不同。东上并购发生后，东航的勒纳指数走势相对平稳，在并购发生 4 年后才开始上升。不同的是，国深并购后，国航的勒纳指数先显著下降，随后在并购发生后第 3 年开始显著上升。对两家航空公司来说，长期的勒纳指数都要高于短期，说明航空市场势力的上升可能不是在并购后即时出现的，而是经过一段时间后才出现的。勒纳指数的结果符合预期，因为理论上大部分并购中市场势力的上升需要经过一段时间后才能呈现。

3.3 国际民航市场概况

2007—2016 年，各大航空公司的国际航线也发展迅速。从图 3.7、图 3.8 中能够看出，相较 2007 年，中国民航企业在国际市场上的客运量翻了五倍，在国际市场上的飞行班次翻了三倍。这一方面与中国民航业发展的指导思想"提高国际竞争力，提高中国航空公司国际航空运输市场份额"[①] 相吻合；另一方面，也得益于中国持续高速发展的经济形势，能够负担国际机票的消费者越来越多。但从图 3.9 中能够看出，尽管中国民航企业在国际市场上的客运量飞速上涨，并且各大航空公司一直在积极扩展开通新的国际航线，平均来看，国际航线客运量的增长率仍然显著低于国内航线客运量的增长率，因此中国民航企业在国际市场上的发展潜力巨大。图 3.10 显示了在出发地或到达地是中国城市的国际航线上，客运量排名前十一的中国民航公司的市场占有率。从图中能够看到，国航、东航、南航分别占据 12%、13% 和 6.7% 的市场份额，合计占整个国际市场的 31.7%。前十一大中国民航公司在国际市场上的总占有率为 41.31%。注意，这里的国际市场指出发地或目的地是中国城市的航线，41.31% 的市场占有率意味着 58.69% 的消费者在与中国城市相连的国际航线上选择了外国航空公司出行。

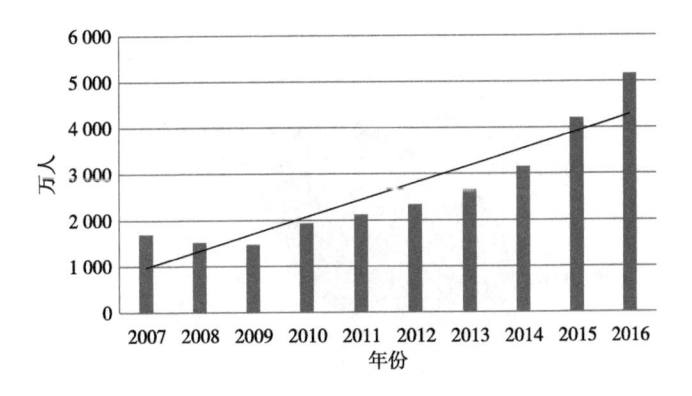

图 3.7　2007—2016 年中国民航国际市场客运量

资料来源：根据 WIND 数据库整理得出。

---

① 《中国民航发展第十二个五年规划》，中国民用航空局，2011.5.9。

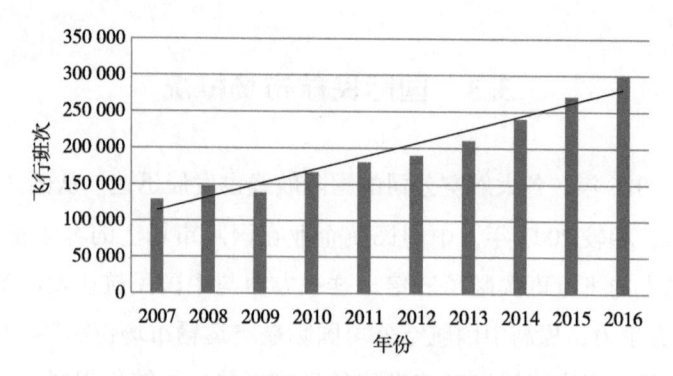

图 3.8　2007—2016 年中国民航国际市场飞行班次

资料来源：根据 WIND 数据库整理得出。

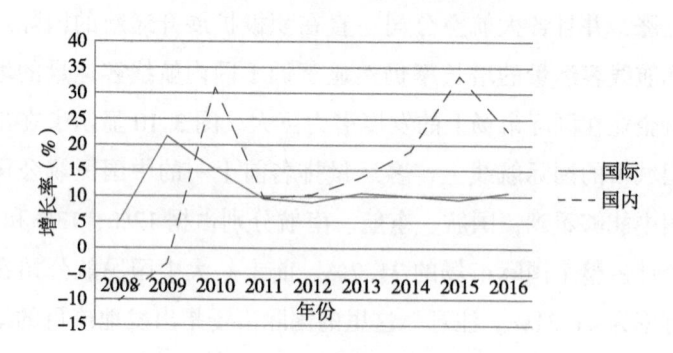

图 3.9　2008—2016 年中国民航客运量增长率

资料来源：根据 WIND 数据库整理得出。

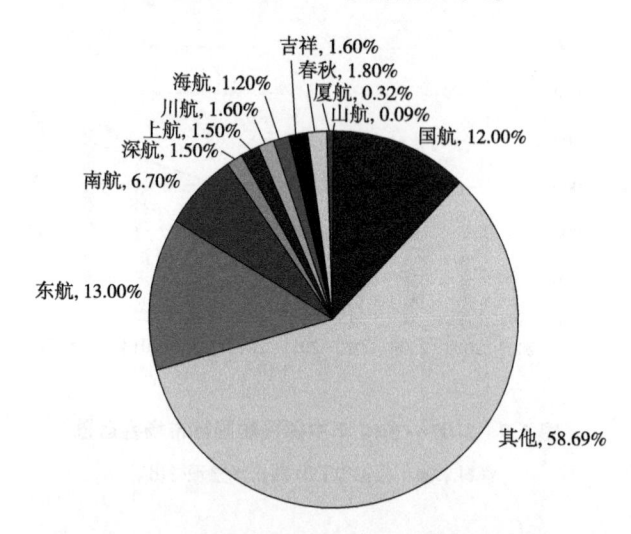

图 3.10　2016 年各大航空公司所占国际航线市场份额

资料来源：根据 IATA 数据库数据整理得出。

3.4 国际航线市场势力分析

3.4.1 赫芬达尔-赫希曼指数

同样根据式（3.3），国际航线上的平均 HHI 指数值的描述统计数据如表 3.3 所示。

表 3.3 国际市场上的 HHI 指数

变量名称	观测值个数	均值	标准差	最小值	最大值
国航市场 HHI	2 658	4 954.82	1 731.51	1 350.23	9 871.44
东航市场 HHI	2 105	4 560.42	1 773.62	1 350.23	9 852.25
深航市场 HHI	163	3 477.89	998.60	2 280.58	8 731.66
上航市场 HHI	309	2 824.66	1 097.93	1 350.23	7 555.52
样本中全部国际市场的 HHI	7 035	4 610.60	1 744.52	1 350.23	9 871.44

从表 3.3 可以看出，四大航空公司在国际航线上的 HHI 指数要低于其在国内航线上的 HHI 指数，这是因为国际航线竞争激烈程度要高于国内航线。由全部市场的 HHI 均值可知，在出发地或到达地是国内城市的国际市场上，市场结构处于垄断竞争市场和寡头垄断市场的临界处，中国航空公司占据了一定市场份额，但仍存在许多来自其他国家航空公司的竞争。

图 3.11 画出了东航公司在国际航线上的 HHI 指数的走势和国航公司在国际航线上的 HHI 指数的走势[①]。

通过图 3.10 可知，全球金融危机造成了东航公司在国际航线上 HHI 指数的显著下跌，但在 2010 年后重新出现了上扬，2010 年后，东航公司在国际航线上的 HHI 指数有所提升。类似的，国航公司在国际航线上的 HHI 指数在 2008 年北京奥运会期间出现峰值后，受全球金融危机影响，至 2010 年前一路

---

① 由于上航和深航的国际航线观测值数量小，其 HHI 走势图不具有代表意义，因此此处仅画出东航国际航线和国航国际航线的 HHI 走势图。

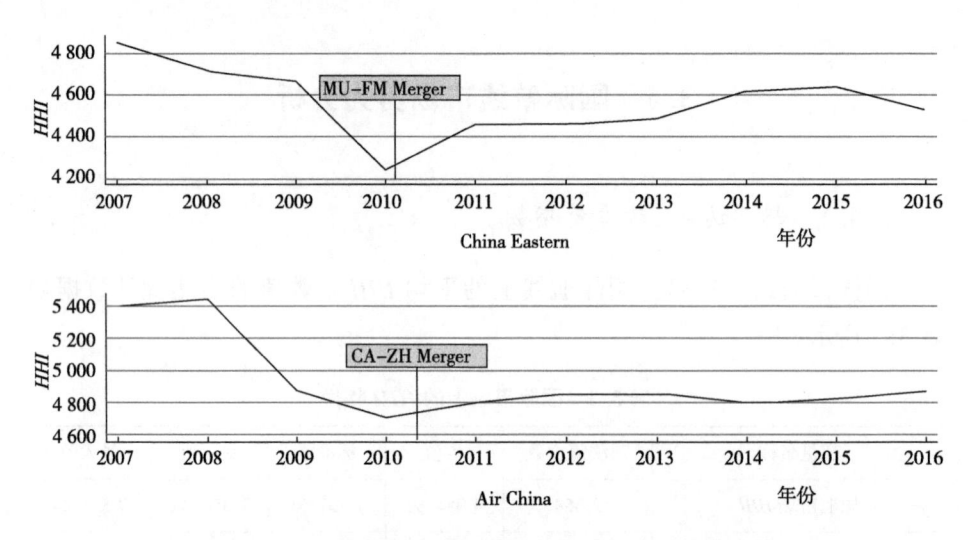

图 3.11　东航和国航在国际民航市场上的 *HHI* 指数走势

走低，2010年后开始上扬。尽管国航在国际航线上的 *HHI* 指数上扬的幅度没有东航大，但从图中可以看到，截至2016年，国航在国际航线上的 *HHI* 指数为 4 900 左右，东航在国际航线上的 *HHI* 指数为 4 500 左右，这意味着，在出发地或目的地为国内城市的国际航线上，国航的垄断竞争实力要高于东航。

3.4.2　勒纳指数

同样根据式（3.4）和式（3.5），以及国航和东航的季度、年度报告，东航和国航在国际市场上的勒纳指数如表 3.4 所示。注意，由于并购前上航和深航为非上市公司，无法获得它们的财务报表，进而无法计算它们的勒纳指数。表 3.4 是基于国航、东航计算出的勒纳指数。图 3.12 对比画出了国航与东航的勒纳指数走势图。

表 3.4　东航与国航在国际市场上的勒纳指数

变量名称	观测值个数	均值	标准差	最小值	最大值
东航勒纳指数	2 105	0.34	0.31	−0.96	0.87
国航勒纳指数	2 658	0.18	0.36	−0.97	0.88

从图 3.12 中可以看到，东航和国航在全球金融危机期间，勒纳指数均跌到历史最低点，说明经济危机期间，两家航空公司在其所服务的国际航线上，

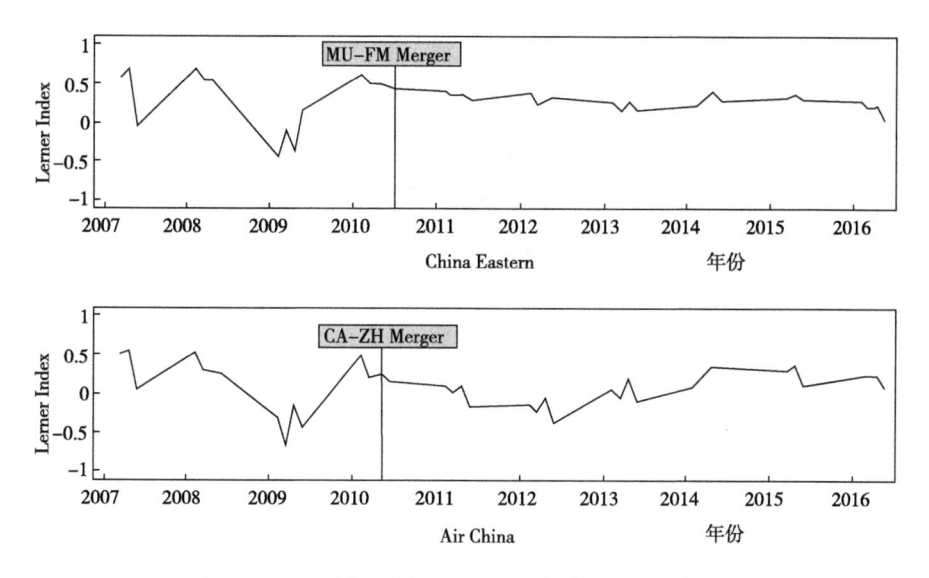

图 3.12　东航与国航在国际市场上的勒纳指数走势

每人每千米票价显著低于边际成本，即两家航空公司在其所服务的国际航线上都遭遇了亏损。经济危机结束、并购发生前后，勒纳指数逐渐转负为正，后期虽然稍有震荡，但基本维持了稳定，说明两家航空公司在其服务的国际航线上转亏为盈。对比表 3.4 和表 3.2 中勒纳指数的均值能够看出，东航和国航在国内航线的盈利能力高于其在国际航线的盈利能力。

由以上分析可知，除发生全球金融危机的特殊时期外，中国民航客运量、民航飞行班次在国内、国际市场上都飞速上涨。平均来看，国内航线上的客运量增长率高于国际航线客运量增长率。根据 2016 年的数据统计，国航、东航、南航占整个国内民航市场 70% 的市场份额，国内民航市场结构呈现典型的多寡头垄断市场结构，国内最大的低成本航空公司春秋航空仅占中国国内民航市场的 3.7%，远远低于欧美、日韩等地。2010 年前后，东航和国航在国内、国际民航市场上的市场占有率显著增加，议价能力（勒纳指数）增强，但在国际市场上的议价能力小于在国内市场上的议价能力。

3.5　并购发生前后相关数据对比

表 3.5 和表 3.6 从总资产、总负债、净利润、机队规模、收入客公里、运输总周转量、飞行班次七个维度，列出了并购前后东航与国航的运营与规

模数据的变化①。表 3.5 中的净利润显示，2008 年东航出现严重亏损。2009 年，在国资委和上海市政府的引导下，东航开始筹划收购上航，2009 年东航实现微小盈利。2010 年完成并购当年，东航在上述七个维度都实现了显著增长。与之相似，根据表 3.6 可知，2008 年受全球金融危机影响，国航出现亏损。2009 年底，国航开始运作对深航的股权收购。2010 年第二季度，国航成为深航的最大控股母公司。同年，国航在上述七个维度都实现了显著增长。因此，有理由认为，东上并购和国深并购实现了经营层面和财务层面的效率协同，并且并购当年即实现了超额盈利。但是，并购带来的效率提升是否提高了航空公司的服务质量，同时降低（或维持）了票价、提高了消费者福利，则需要考虑并购的市场势力效应后综合分析。

---

① 由于上海航空和深圳航空均非上市公司，并购前的运营数据未公开，因此表 3.5 和表 3.6 仅列出了东航与国航的运营数据和规模数据。

3 民航市场概况

表 3.5　2007—2016 年东航运营与规模数据

项目	2007 东航	2008 东航	2009 东航	2010 新东航	2011 新东航	2012 新东航	2013 新东航	2014 新东航	2015 新东航	2016 新东航
总资产（百万元）	66 504	73 184	72 018	100 810	112 215	120 962	137 846	163 542	195 709	210 051
总负债（百万元）	63 345	84 249	68 482	84 234	90 096	95 919	111 526	134 055	158 058	159 955
净利润（百万元）	710	-12 580	711	5 380	4 891	2 987	2 358	3 417	5 047	4 965
机队规模（架）	240	259	275	363	364	393	440	466	502	596
收入客公里（百万人公里）	37 529	53 754	60 917	93 054	100 744	108 893	120 401	127 597	146 291	167 489
运输总周转量（百万吨公里）	550 703	508 590	594 081	857 955	902 910	951 044	1 027 351	1 078 108	1 248 527	167 489
飞行班次（次）	296 040	290 304	365 765	461 930	477 612	495 264	521 596	544 035	596 046	634 192

资料来源：根据东航历年年报和中国宏观数据数据库数据整理得出。

表 3.6　2007—2016 年国航运营与规模数据

项目	2007 国航	2008 国航	2009 国航	2010 新国航	2011 新国航	2012 新国航	2013 新国航	2014 新国航	2015 新国航	2016 新国航
总资产（百万元）	88 539	98 897	106 163	155 220	173 323	185 710	205 361	209 642	213 703	224 128
总负债（百万元）	57 856	78 610	82 201	113 520	123 822	131 764	147 418	150 171	147 108	147 654
净利润（百万元）	3 698	-9 149	5 029	12 208	7 476	4 948	3 318	3 782	6 774	6 814
机队规模（架）	220	242	260	375	411	440	470	500	544	623
收入客公里（百万人公里）	66 984	66 013	73 369	86 194	93 148	95 836	139 158	154 683	171 696	188 137
运输总周转量（百万吨公里）	787	787	852	1 233	1 333	1 409	1 530	1 667	1 829	1 882
飞行班次（次）	284 690	286 796	320 017	494 385	508 146	527 158	555 972	595 344	636 239	651 108

资料来源：根据国航历年年报和中国宏观数据数据库数据整理得出。

4 中国民航并购的国际竞争力效应

本章基于"国家冠军理论"和"竞争理论"（参见 2.2.2 小节），实证分析东上并购和国深并购对东航集团和国航集团国际竞争力的影响。

4.1 引言

近年来，伴随着经济全球化进一步发展，"天空开放"（open sky）进程继续深入推进，航空自由化进入新的发展阶段，各国航空公司对国际市场的争夺日益激烈，航空公司间的竞争围绕枢纽机场的建设、性价比更高的机票价格和服务质量、更多样化的航线和航班选择等方面展开。在此大背景下，国家相继出台文件鼓励中国民航企业提高国际竞争力。2011 年，依据国家发展"十二五"规划纲要和"十二五"综合交通运输体系发展规划编制的《中国民航发展第十二个五年规划》，将"提高国际竞争力，提高中国航空公司国际航空运输市场份额，继续强化北京、上海、广州枢纽机场的建设，完善国际枢纽功能"作为重要的发展目标之一。2012 年，国务院出台《关于促进民航业发展的若干意见》，"提升国际竞争力"再次被列为中国民航业的发展目标和指导思想。中国民航企业积极响应国家政策号召，大力扩展国际航线布局网络，通航国家和城市大幅增加。截至 2015 年，与中国通航的国家达到 55 个，城市达到 137 个，国际航线达到 660 条，中国继续高票连任国际民航组织一类理事国，国际影响力逐步增强。国际航线运输总客运量稳步上升（详见图 3.7）。但是，与世界一流的航空公司相比，中国航空公司在服务质量、机场管理、航线运营、资源配置、新航线开发、管理革新等方面能力不足，航空品牌价值和消费者忠诚度不高，国际竞争力较弱。根据报道，多年来，从北京、上海机场出发的航班的准点率在 50%~60%，中国乘客在选择出境游时，中国航空公司也往往并不是首选①。

并购重组被认为是能够迅速扩大民航企业影响力、提高民航企业市场占有额的途径之一。但根据 2.2.2 小节中的文献回顾,既有理论研究和实证研究并未得出一致的结论。"国家冠军理论"认为,并购后国内市场减少的竞争可以帮助企业在出口市场中取得规模效应,获得市场竞争力(Pagoulatos and Sorensen, 1976; Marvel, 1980; Krugman, 1984)。而"竞争理论"则认为,国内市场的竞争迫使企业进步和创新,有助于其在国际范围内变得更有竞争力;而并购后随着航空公司市场势力的增强,市场中的竞争减少,企业将失去进步和创新的动力,因此在国际市场变得没有竞争力(Ray, 1981; Audretsch and Yamawaki, 1988; Porter, 1990; Clark et al., 1992; Kim and Marion, 1997; Sakakibara and Porter, 2001; Hollis, 2003)。事实上,国外航空公司意图通过并购提高国际市场占有率有成功的案例,也有失败的案例。布鲁纳(Bruner, 2002)对 1971—2001 年已发表的 130 篇立足于多个行业的研究并购的经典文献分析后发现,仅有 20%~30% 的并购能够为企业在国际市场中创造价值。具体到民航并购案例,成功的案例如法国航空与荷兰航空的并购、汉莎航空与瑞士航空的并购、英国航空与西班牙航空的重组,致使欧洲航空市场由这三大航空集团主导,三大集团在欧洲市场的竞争力显著增强(王彧, 2014)。相反,新西兰航空收购澳大利亚安塞特航空,导致新西兰航空产生巨额坏账;东航收购云南航空,也导致了东航的持续衰退(李春玲、朱企华, 2015)。李春玲和朱企华(2015)认为,并购时机的选择,是影响民航并购是否能提高其国际竞争力的重要因素,并购时机的选择需要关注政治环境、法律环境、社会环境、经济环境的变化,航空运输业的供需变化,以及并购航空公司和目标航空公司运营情况的变化等。

东上并购和国深并购是在响应"推动企业实施强强联合、跨地区兼并重组、境外并购,培养一批具有国际竞争力的大型企业集团"的经济社会发展总体战略背景下完成的。还没有文献实证研究过东上并购和国深并购对东航和国航的国际竞争力的影响。本章为准确刻画两大并购前后东航和国航在国际市场上的竞争力变化,采用双重差分模型,将未受到东上并购和国深并购影响的国际航线作为对照组航线,使用 2007 年第二季度到 2016 年第四季度

---

① SHI J. Flight delays still a pressing issue [J]. China daily, 2017.

的国际航线面板数据，实证检验两大并购后东航集团和国航集团在国际市场上的竞争力变化。本章的分析方法和结论可为中国民航企业在未来国际市场的竞争中寻求竞争优势提供经验证据和理论支持。

本章结构安排如下：第 2 小节介绍本章使用的模型，第 3 小节描述数据及变量，第 4 小节介绍本章使用的计量方法和稳健性检验方法，并对结果做出解释和讨论，最后总结本章得出的主要结论。

4.2 模型

在考察并购前后航空公司国际市场竞争力的变化时，必须考虑航空公司的国际市场竞争力在 2010 年并购前后由其他因素（如外部经济环境或航空公司其他行为）发生变化而可能导致的变化，这些影响因素在分析时必须剔除。这样，不仅要将受并购影响的国际航线和不受并购影响的国际航线进行对比，还要将 2010 年前所有航空公司的航线和 2010 年后所有航空公司的航线进行对比，综合考虑这两种差异的方法，即计量经济学中的双重差分模型（Difference-in-Differences）的研究，简称"DID 模型"。DID 模型是一种估计因果效应的计量方法，其基本思想是将公共政策视为一个"准自然实验"，为了评估一项政策实施所带来的净影响，将全部的样本数据分为两组：一组包含受到政策影响的样本，即处理组；另一组包含没有受到同一政策影响的样本，即对照组。选取一个要考量的经济个体指标，根据政策实施前后（时间）进行第一次差分得到两组变化量，经过第一次差分可以消除个体不随时间变化的异质性，再对两组变化量进行第二次差分，以消除随时间变化的增量，最终得到政策实施的净效应。下面简要介绍 DID 模型的基本形式。

根据阿申费尔特和卡德（Ashenfelter and Card，1985）的研究，基本的 DID 模型形式如下：

$$y_{m,t} = w_m + d_t + \gamma D_{mt} \tag{4.1}$$

式中，$y_{m,t}$ 是市场 m 在时间 t 时结果变量的值；t 是二值变量，政策冲击前取值为 0，政策冲击后取值为 1；D_{mt} 是二值变量，当市场 m 在处理组（受政策影响的个体）且 $t=1$ 时取值为 1，其他情况取值为 0；w_m 和 d_t 分别是市场层面和时间层面的固定效应。该式可被改写为（Abadie，2005）：

$$y_{m,t} = \mu + \tau D_{m,1} + \delta t + \gamma D_{m,t} + \zeta_{m,t} \tag{4.2}$$

式中，$\zeta_{m,t} = w_m - E[w_m \mid D_{m,1}]$，$\delta = d_1 - d_0$，$\mu = E[w_m \mid D_{m,1} = 0] + d_0$，$\tau = E[w_m \mid D_{m,1} = 1] - E[w_m \mid D_{m,1} = 0]$。其中，四个参数 μ，τ，δ，γ 可以用 OLS 估计。参数 γ 可改写成：

$$\hat{\gamma} = \{E[y_{m,1} \mid D_{m,1} = 1] - E[y_{m,0} \mid D_{m,1} = 1]\} - \{E[y_{m,1} \mid D_{m,1} = 0] - E[y_{m,0} \mid D_{m,1} = 0]\} \quad (4.3)$$

该过程即为双重差分，系数 γ 的估计值 $\hat{\gamma}$ 衡量的即为政策冲击对处理组的净效应。通过这个过程，能够消除并非由政策冲击引起的趋势和其他外生因素的影响。本章以 2010 年的两大并购作为政策冲击点，考察期为 2007—2016 年，使用上述 DID 模型对并购的政策效应进行评估。这一方法的优点在于较好地避免了并购政策作为解释变量产生的内生性问题，有效控制了因变量与解释变量间的反向因果关系，同时剔除了其他因素的干扰而有效识别了并购对航空公司国际市场份额的净影响效应。

由此，本章的模型具体如下：

$$\ln(ms)_{ijt} = \beta_0 + \beta_1 merger_t + \beta_2 MUFMtreat_{ijt} + \beta_3 merger_t \times MUFMtreat_{ijt} + \beta_4 CAZHtreat_{ijt} + \beta_5 merger_t \times CAZHtreat_{ijt} + \beta_6 X_{ijt} + \gamma_i + \varphi_j + v_t + \mu_{ijt} \quad (4.4)$$

模型 (4.4) 中，因变量是航空公司 i 在航线 j 上于时间 t 时在国际航线上所占的平均市场份额的对数形式。既有研究民航国际竞争力的文献中，衡量航空公司国际竞争力的指标主要有两个：①航空公司在国际航线上的市场份额；②航空公司在国际航线上的净利润。由于无法获得航空公司在国际航线上的净利润数据，本章采用航空公司在国际航线上的市场份额作为衡量航空公司国际竞争力的指标。根据阿德朗吉等（Adrangi et al., 1991）以及库尔茨和罗迪斯（Kurtz and Rhoades, 1992）的研究，国际航空公司的利润率随其在国际航线上市场份额的上升而上升。因此，选取航空公司在国际航线上的市场份额来衡量航空公司的国际竞争力是合理的。具体分析时，采用两种方式计算因变量 $\ln(ms)_{ijt}$。第一种方式在并购后以航空集团为单位计算航线上的国际市场份额，第二种方式在并购后仍然以航空公司为单位独立计算航线上的国际市场份额。第一种计算方式下，并购后东航和国航的国际市场份额应增加，因为并购后上航和深航的国际市场份额并入到东航和国航中。第二种计算方式下，并购后各航空公司所占国际市场份额是否增加则取决于并购后各航空公司是否实现了协同效应。$merger_t$是二值变量，在所有个体上2010年后取值为1，2010年前取值为0。处理组包含东航、国航、深航、上航四家航空公司在并购前服务的国际航线。为区分并购发生后东航与国航不同的国际竞争力（国际市场份额）的变化，进一步将处理组分为并购前东航、上航服务的国际航线 $MUFM treat_{ijt}$，和并购前国航、深航服务的国际航线 $CAZH treat_{ijt}$。在并购前其他航空公司服务的航线为对照组。交互项 $merger_t \times MUFM treat_{ijt}$ 和 $merger_t \times CAZH treat_{ijt}$ 是关键解释变量。如果它们为正显著，说明在东上并购和国深并购后，处理组航线上东航集团或（和）国航集团的国际竞争力（国际市场份额）增加；反之，说明在东上并购和国深并购后，处理组航线上东航集团或（和）国航集团的国际竞争力（国际市场份额）减少。X_{ijt} 是一系列控制变量。下面具体阐述控制变量的选取依据。

根据"国家冠军理论"和"竞争理论"，国内航空公司的并购影响其在国际市场上的竞争力，除并购外，其他可能影响航空公司国际竞争力的因素有：第一，航空票价。根据（Berry and Jia, 2010；Wang et al., 2018；Ma et al., 2018）的研究，经济舱乘客的价格弹性大，对票价敏感。换句话说，票价增加1%，会造成客运量下跌超过1%。国内航空公司在服务质量、航班准点率等方面与发达国家航空公司存在不小的差距，因此，航空票价会显著影响航空公司的国际竞争力（国际市场份额），票价越高，国际市场份额越低。第二，航空公司服务质量。在其他因素保持不变的前提下，航空公司的服务质量越好，它在航线上的国际竞争力（市场份额）应当越高。本章使用航空公司层面的准点率、是否为Skytrax五星级航空公司两个指标来衡量航空公司的服务质量。第三，航空公司的品牌效应。在其他因素保持不变的前提下，航空公司的品牌越响亮、消费者的认可度越高，其国际竞争力（市场份额）应当越高。本章使用二值变量，即航空公司是否属于三大航空联盟来衡量航空公司的品牌效应。第四，航线上的竞争程度。航线上的竞争越激烈，每一家航空公司所占的国际市场份额应当越低。本章使用航线上的竞争航空公司数量来衡量航线上的竞争程度。第五，航空公司的枢纽机场位置。如果航空公司的出发地或到达地是该公司的枢纽机场，则乘客能够获得更便捷的机场服务，如当飞机出现延误时，乘客可选择的航班范围更多，从而吸引更多的乘客。本章使用二值变量，即航线端点城市是否为样本中十一家航空公司枢纽机场的所在城市来衡量该效应。第六，人口和人均GDP。近年来，选择国际航班的中国乘客越来越多（参见图 3.7），其中一个重要原因是国内人口和人均收入的持续增长。由于样本中一些城市的季度人均收入数据不可得，本章使用人均 GDP 来代替人均收入。第七，飞行距离。飞行距离可能对国际市场份额有负向影响。一般而言，飞行距离越长，可选航班数量越少，飞机乘客也越少。

因此，模型（4.4）中的矢量矩阵 X_{ijt} 中包含的解释变量具体如下：

$\ln Fare_{ijt}$：国内航空公司 i 在国际航线 j 上于时间 t 时的经济舱季度票价的对数形式。

$\ln Distance_j$：国际航线 j 的飞行距离的对数形式。

$\ln POP_{jt}$：国际航线 j 在两个端点城市的算术平均人口的对数形式。

$\ln gdp\_per_{jt}$：国际航线 j 在两个端点城市的算术平均人均 GDP 的对数形式。

$\ln OTP_{it}$：国内航空公司 i 于时间 t 的准点率的对数形式。

$League_i$：二值变量。当国内航空公司 i 是三大联盟航空公司①时，取值为 1；反之，取值为 0。

$Skytrax_i$：国内航空公司 i 是否为 Skytrax 五星级航空公司②。

$Carrierno_{jt}$：航线 j 上于时间 t 时的竞争者数量。

Hub_{ij}：航线 j 的端点市场是否为航空公司 i 的枢纽机场。

γ_i，φ_j，v_t 分别为航空公司层面、航线层面、时间层面固定效应。

μ_{ijt}：模型误差项。

面板数据通常需要在个体固定效应和个体随机效应之间进行选择。随机效应回归往往比固定效应更有效，但随机效应假设所有的解释变量与不可观测的面板效应间没有相关性，这一假设在真实数据中很难满足。固定效应放松了这一假设（Wooldridge，2002），尽管固定效应牺牲部分变量自由度。根据萧（Hsiao，2014）和格林（Greene，1990）的研究，当数据存在与个体有关的面板效应时，需要使用固定效应回归。在民航业中，无论是国内航线，

---

① 三大联盟航空公司指的是：星空联盟、天合联盟、寰宇一家。在本书样本中，星空联盟航空公司（国内）包括国航、深航；天合联盟航空公司包括东航、上航、南航、厦门航空；还没有国内航空公司加入寰宇一家。具体三大联盟航空公司列表详见附录 C。

② Skytrax 是一家以英国为基地的顾问公司，最广为人知的是每年举办一次的年度全球最佳航空公司奖及年度全球最佳机场奖。截至目前，国内航空公司只有海南航空获得过 Skytrax 五星级航空公司称号。

还是国际航线，均存在解释变量难以控制的与个体有关的面板效应，如航空公司、航线特有的特点和属性。与此相一致，使用豪斯曼检验（Hausman, 1978）的结果不支持所有解释变量与不可观测的个体固定效应间无关的假设，因此，本章的样本中，固定效应回归提供更一致有效的估计。不过，由于模型中有不随时间变化的解释变量（如飞行距离、是否为三大联盟航空公司），在固定效应估计中会被删掉，无法求出估计值，因此本章同时提供随机效应估计的结果作为参考。另外，在过去的十年间，中国民航市场发生了巨大的变化。除并购外，还经历了全球金融危机、航空管制放松、2008年北京奥运会、2014年油价八连跌等事件。这些特定时间的事件都可能影响关键解释变量的估计，因此，除航空公司、航线层面的个体固定效应，模型（4.4）中还加入了时间固定效应来控制时间趋势和上述关键事件的影响。

4.3 数据及变量

本章的国际市场航线数据收集自国际航空运输协会（IATA）的 AirportIS（Airport Intelligence Services）数据库。数据库包含2005年第一季度到2016年第四季度的国内航线的出发地、到达地，分航线和航空公司的季度经济舱票价、客运量以及航班频率数据。根据航空公司年报数据，国航集团执飞的国际航线覆盖范围最广。因此，本章采集国际航线数据时，航线两端城市的选择标准如下：国内城市选取国内排名前十位的机场所在的城市；国外城市选取国航官网显示的当前国航执飞的全部国际目的地城市[①]。确定国际航线后，又收集了第3章中提到的中国目前十一家客运量最大的航空公司[②]，以及所有在样本航线上执飞的国际航空公司的客运量数据和票价数据。由于2007年第二季度以前数据缺失严重，因此本章选取的样本区间为2007年第二季度到2016年第四季度。本章的样本中，并购前有三年的数据，并购后有六年的数

---

① 2016年国内排名前10位的机场：北京首都国际机场、上海浦东国际机场、广州白云国际机场、成都双流国际机场、深圳宝安国际机场、昆明长水国际机场、上海虹桥国际机场、西安咸阳国际机场、重庆江北国际机场和杭州萧山国际机场。详见：https://baike.baidu.com/item/%E4%B8%AD%E5%9B%BD%E5%8D%81%E5%A4%A7%E6%9C%BA%E5%9C%BA/695852?fr=aladdin。

② 根据图3.10，国际市场客运量排名第十一位的山航仅占0.09%的市场份额，排名第十二位之后的航空公司所占市场份额更加微小，对国际市场航线影响有限，因此，仅考虑前十一家航空公司是合理的。

据，样本区间适合对比分析两个并购前后的效应变化。样本中的国际航线被看作是有方向的，例如，"北京—新加坡"与"新加坡—北京"被认为是两条不同的航线。样本仅包含了直飞国际航线，没有包含转机国际航线。另外，根据莫里森和惠斯顿（Morrison and Winston，1987）的研究，城市对数据（与机场对数据相对）是用于分析民航竞争行为最合适的数据。因此，处理数据时将国际航线中位于同一个城市的机场（如东京成田机场和东京羽田机场）的数据合并到一起，并删掉了季度客运量小于 100 人的异常值。最后，本章得到的样本跨度为 2007 年第二季度至 2016 年第四季度，样本中共有国际航线 321 条①，合计 7 514 个观测值。②

模型（4.4）中包含的变量的描述统计数据如表 4.1 所示。

表 4.1 模型中变量的描述统计数据

变量名称	均值	标准差	最小值	最大值
Market Share	0.380	0.220	0.001	0.994
Fare（US $）	351.27	183.01	30.00	3 218.00
Distance（km）	4 139.95	3 235.86	547.00	12 500.00
POP（千人）	9 380.14	8 667.94	344.00	36 789.00
gdp_per（US $）	29 082.36	22 868.59	1 050.96	110 000.00
Carrierno	3.19	1.53	2.00	10.00
OTP（%）	75.37	6.65	40.81	86.43

注：表中不包含二值变量的描述统计数据。

从表 4.1 中可以看到，在出发地或到达地是国内城市的国际航线上，国内十一家航空公司所占平均市场份额并不高（0.38），这个结果并不意外。据报道，中国游客出境游时第一选择往往不是国内航空公司。以 2017 年为例，在中国最热门的 20 条境外航线中，一半航线的最大运力由境外航空公司提供。航空公司的票价、服务质量都是影响乘客出行选择的重要因素。以服务为例，目前中国内地仅有海航是 Skytrax 五星级航空公司。在中日、中韩、中欧等热门航线上，乘客可以选择日本全日空、韩国韩亚、中国香港国泰、德

---

① 详见附录 B。
② 由于航空公司进入和退出国际航线的情况时有发生，因此面板数据为非平衡面板数据。

国汉莎、新航等五星级航空公司。[①] 表 4.2 列出了东航、国航、深航、上航在其所服务的国际航线上的市场份额统计数据。

表 4.2　四大航空公司的国际市场份额描述统计数据

航空公司	均值	标准差	最小值	最大值
国航	0.37	0.22	0.002	0.99
东航	0.40	0.23	0.001	0.99
深航	0.41	0.19	0.009	0.73
上航	0.34	0.17	0.001	0.92

4.4　计量结果与分析

表 4.3 列出了并购后以集团所占国际市场份额为因变量时，对模型（4.4）分别使用固定效应方法（（1）列）和随机效应方法（（2）列）的计量结果。核心解释变量交互项 $Merger \times MUFMtreat$ 的系数在固定效应回归和随机效应回归中均为正显著，说明并购后东航在国际市场上的市场份额显著上升。而交互项 $Merger \times CAZHtreat$ 的系数在固定效应回归和随机效应回归中均不显著，说明并购后国航在国际市场上的市场份额并未显著上升。对样本进一步分析发现，并购前东航和上航共同服务的国际航线有 8 条，而国航和深航没有共同服务的国际航线。因此并购后上航国际市场份额并入东航集团后，导致东航在国际航线上的市场份额显著上升，而深航的并入，并未对国航的国际市场份额产生显著影响。其他解释变量的符号和显著性也基本符合预期。变量 $Carrierno$ 衡量航线上的竞争者数量，在固定效应和随机效应回归中均为负显著，说明航线上参与竞争的航空公司越多，每一家航空公司所占的国际市场份额越小。变量 Hub 衡量航线端点城市是否为航空公司枢纽机场所在城市，在随机效应回归中为正显著，说明从枢纽机场出发或到达的航空公司比其他航空公司占有更多的国际市场份额。变量 $\ln OTP$ 衡量航空公司的准点率，在固定效应回归和随机效应回归中均为正显著，说明航空公司准点率对其国

[①] 《中国人坐飞机没太大变化，但三大航空公司利润空前》，搜狐新闻网，2018.4.24。详见：https://www.sohu.com/a/229330778_139533。

际市场中所占份额有促进作用。二值变量 League 和 Skytrax 衡量航空公司的品牌效应。这两个变量在随机效应回归中均为正显著，说明加入三大航空联盟的航空公司和 Skytrax 五星级航空公司都占有更多的国际市场份额。但解释变量人口、人均 GDP、票价的系数和符号与预期不符。航线端点城市的人口和人均 GDP 越高，乘坐国际航班出行的乘客应当越多，因此人口和人均 GDP 的系数应为正显著。而中国航空公司在国际航线上的竞争力，尤其在与发达国家航空公司竞争的市场上，很大一部分来源于其较低的票价。国内航空公司的票价上升，应导致其在国际航线上的竞争力下降，从而使得其所占国际市场份额降低，因此票价的系数应为负显著。

这三个解释变量系数的异常可能是由票价的内生性引起的。一方面，定价高的航空公司很难获得高的国际市场份额；另一方面，在所占市场份额大而利润高的市场上，航空公司可能有串谋行为，共同抬高票价，从而获取高额利润。因此，票价与航空公司市场份额间存在反向因果关系。本章采用 25%分位数票价的拟合值以及 75%分位数票价的拟合值作为工具变量（Berry and Jia，2010）。工具变量回归结果如表 4.3 中（3）列所示。工具变量过度识别检验 Sargan test 的结果显示，不能拒绝工具变量与模型误差项之间的外生性关系，因此，本章所选取的工具变量是有效的。在工具变量回归中，核心变量交互项 Merger×MUFMtreat 依然为正显著，Merger×CAZHtreat 依然不显著。变量 lnFare 的系数变为负显著，而变量 lngdp_per 的系数变为正显著，均符合预期。

表 4.3 模型（4.4）的计量结果（因变量：集团的国际市场份额）

变量	(1) FE	(2) RE	(3) IV
Merger	—	−0.161 0*** (0.048 0)	−0.167 9*** (0.052 8)
MUFMtreat	—	0.083 9 (0.113 3)	0.086 6 (0.056 0)
Merger×MUFMtreat	0.301 9*** (0.044 2)	0.280 3*** (0.044 4)	0.263 5*** (0.060 2)
CAZHtreat	—	0.046 5 (0.104 0)	0.062 8 (0.052 0)

续表

变量	(1) FE	(2) RE	(3) IV
$Merger \times CAZHtreat$	0.025 0 (0.042 5)	0.013 5 (0.042 7)	0.047 4 (0.056 9)
$\ln Distance$	—	-0.081 0 (0.050 0)	-0.150 1*** (0.023 0)
$Carrierno$	-0.062 9*** (0.011 5)	-0.105 5*** (0.010 8)	-0.284 7*** (0.007 9)
Hub	—	0.745 7*** (0.080 8)	0.617 1*** (0.019 6)
$\ln OTP$	0.370 8** (0.167 9)	0.086 3 (0.110 4)	0.110 7 (0.108 0)
$League$	—	0.417 5*** (0.118 3)	0.352 8*** (0.036 4)
$Skytrax$	—	0.835 0*** (0.181 9)	0.835 0*** (0.062 0)
$\ln POP$	-0.123 8*** (0.015 9)	-0.114 6*** (0.014 3)	0.008 8 (0.010 5)
$\ln gdp\_per$	0.078 0* (0.041 4)	-0.005 2 (0.036 6)	0.146 0*** (0.022 0)
$\ln Fare$	-0.034 8 (0.029 0)	-0.028 7 (0.027 9)	-0.217 9*** (0.064 7)
$Constant$	-1.098 0 (0.873 4)	0.683 9 (0.703 7)	-0.669 5 (0.503 0)
Sargan N×R-sq test			0.926 (p值：0.335 9)
N	7 477	7 514	7 514
R^2	0.743	0.268	

注：(1) 括号中为稳健标准误。

(2) 豪斯曼检验支持固定效应回归。

(3) *、**、***分别表示在10%、5%、1%水平上显著。

(4) 所有模型中包含年度、季度二值变量，此处为节省空间，未予报告。

由于并购前和并购后东航和上航共同服务的国际航线有 8 条，以集团为单位计算国际市场份额时，将导致模型（4.4）中系数 β_3 的过度估计。下面，将因变量由集团所占国际市场份额变为航空公司单独所占国际市场份额重新估计模型（4.4）。结果如表 4.4 所示。

表 4.4　模型（4.4）的计量结果（因变量：航空公司的国际市场份额）

变量	(1) FE	(2) RE	(3) IV
Merger	—	−0.165 2*** (0.047 1)	−0.078 0 (0.052 1)
MUFMtreat	—	0.080 3 (0.111 9)	0.125 4** (0.055 2)
Merger×MUFMtreat	0.108 9** (0.043 4)	0.085 3* (0.043 5)	0.014 3 (0.059 3)
CAZHtreat	—	0.022 0 (0.102 8)	0.055 2 (0.051 3)
Merger×CAZHtreat	0.015 1 (0.041 8)	0.003 0 (0.041 9)	−0.002 7 (0.056 1)
lnDistance	—	−0.101 6** (0.049 4)	−0.148 9*** (0.022 7)
Carrierno	−0.097 9*** (0.011 3)	−0.139 5*** (0.010 6)	−0.302 8*** (0.007 8)
Hub	—	0.730 2*** (0.079 9)	0.583 6*** (0.019 3)
lnOTP	0.620 5*** (0.164 9)	0.165 6 (0.108 3)	0.277 8*** (0.106 5)
League	—	0.539 1*** (0.117 0)	0.640 4*** (0.035 9)
Skytrax	—	0.956 6*** (0.179 9)	1.038 3*** (0.061 1)
lnPOP	−0.063 0*** (0.015 6)	−0.066 2*** (0.014 1)	0.000 7 (0.010 4)

续表

变量	(1) FE	(2) RE	(3) IV
lngdp_per	0.054 8 (0.040 7)	-0.014 8 (0.036 0)	0.141 5*** (0.021 6)
ln$Fare$	-0.040 2 (0.028 5)	-0.039 6 (0.027 4)	-0.171 9*** (0.063 8)
$Constant$	-2.892 0*** (0.858 1)	-0.180 9 (0.692 4)	-1.723 5*** (0.495 7)
Sargan N×R-sq test			0.004 (p值：0.948 4)
N	7 477	7 514	7 514
R^2	0.762	0.311	

注：(1) 括号中为稳健标准误。
(2) 豪斯曼检验支持固定效应回归。
(3) *、**、*** 分别表示在10%、5%、1%水平上显著。
(4) 所有模型中包含年度、季度二值变量，此处为节省空间，未予报告。

与表4.3一致，表4.4中（1）列是固定效应回归的结果，（2）列是随机效应回归的结果，（3）列是工具变量回归的结果。从表中可知，关键解释变量交互项 $Merger×MUFMtreat$ 的系数尽管在固定效应回归和随机效应回归中为正显著，但在工具变量回归中并不显著。交互项 $Merger×CAZHtreat$ 的系数在固定效应回归、随机效应回归和工具变量回归中均不显著。这说明，并购发生后，东航、上航、国航、深航作为独立的航空公司，并购后其国际市场份额没有显著提升。计量结果还显示，能够显著影响航空公司国际市场份额的因素是是否为航空公司枢纽机场、是否为三大联盟中的航空公司、是否为Skytrax五星级航空公司、航班准点率和票价。其中，航班准点率提高1%，航空公司国际市场份额升高0.28%；票价每降低1%，航空公司国际市场份额提高0.17%；从枢纽机场出发的航空公司比从非枢纽机场出发的航空公司国际市场份额多44%（1-exp$^{-0.5836}$），加入三大联盟的航空公司比未加入三大联盟的航空公司在共同服务的国际航线上市场份额多47%（1-exp$^{-0.6404}$）；Skytrax五星级航空公司比其他航空公司在共同服务的国际航线上市场份额多63%

$(1-\exp^{-1.0383})$。

为检验上述实证结果的稳健性，进一步对样本进行安慰剂检验。根据克劳厄蒂（Clougherty，2002）的研究，收购方公司规模大小的变化可以作为度量本国航空公司是否发生并购以及并购规模大小的变量。他的文章研究了美国1984—1992年的航空公司并购对航空公司国际竞争力的影响。他提出假设：本国航空公司的并购增加了其在本国市场上的航线网络规模，减少了其在本国市场上的竞争对手数量，通过网络经济和规模经济，提高了该航空公司的国际竞争力。与本章一致，克劳厄蒂（Clougherty，2002）使用的衡量航空公司的国际竞争力水平的指标也是其在国际航线上所占市场份额；但衡量并购是否发生不是用二值变量表示的，而是用并购后航空公司规模的变化表示的。这里借鉴他的方法，将 DID 模型中的衡量并购是否发生的二值变量替换成收购方公司规模大小的变化[1]，将 DID 模型转化为简约型计量模型，其他解释变量与模型（4.4）一致。模型如下：

$$\ln(ms)_{ijt} = \beta_0 + \beta_1 mergersize_{ijt} + \beta_2 X_{ijt} + \gamma_i + \varphi_j + v_t + \mu_{ijt} \quad (4.5)$$

变量 $mergersize_{ijt}$ 指航空公司并购的规模，在具体回归中，将东上并购的并购规模和国深并购的并购规模分开分析。为节省空间，仅汇报工具变量回归的结果。计量结果如表 4.5 所示。

表 4.5 模型（4.5）的计量结果（因变量：航空公司的国际市场份额）

变量	(1) IV_MUFM	(2) IV_CAZH
MUFM_mergersize	−0.001 1 (0.003 8)	
CAZH_mergersize		−0.024 7*** (0.007 9)
Carrierno	−0.300 9*** (0.007 8)	−0.301 8*** (0.007 8)
Hub	0.600 0*** (0.018 9)	0.598 5*** (0.018 9)

[1] 仿照克劳厄蒂（Clougherty，2002）的研究，并购后航空公司规模的变化用并购航空公司的飞机架数除以被并购航空公司的飞机架数计算。

续表

变量	(1) IV_MUFM	(2) IV_CAZH
ln*Distance*	-0.183 0*** (0.019 2)	-0.178 7*** (0.019 1)
ln*OTP*	0.342 1*** (0.106 8)	0.283 7*** (0.109 0)
League	0.624 9*** (0.034 4)	0.648 5*** (0.034 8)
Skytrax	0.964 9*** (0.056 2)	0.965 4*** (0.056 1)
ln*POP*	-0.005 9 (0.009 1)	-0.003 8 (0.009 1)
ln*gdp_per*	0.145 8*** (0.021 0)	0.152 2*** (0.021 0)
ln*Fare*	-0.071 2 (0.045 6)	-0.081 9* (0.045 2)
Constant	-2.732 8*** (0.901 3)	-0.301 8*** (0.007 8)
Sargan N×R-sq test	1.229 (*p*值：0.267 5)	0.597 (*p*值：0.439 9)
N	7 514	7 514
R^2	0.762	0.312

表4.5中所使用的工具变量与表4.3和表4.4中的一致。结果显示，表示东上并购规模的变量 $MUFM\_mergersize_{ijt}$ 在工具变量回归中不显著，而表示国深并购规模的变量 $CAZH\_mergersize_{ijt}$ 在工具变量回归中为负显著，这进一步验证了上文中的结论：中国民航企业并购并未能够提高中国航空公司在国际航线上的竞争力（国际市场份额）。这说明，东上并购和国深并购后，两大集团并未在国际航线上实现规模经济效应，国际航线的运营成本并未显著下降，产出和利润并未显著升高。其他解释变量的符号和系数也基本与表4.4保持

一致。总结来说，从枢纽机场出发的航空公司、航线上竞争对手少的航空公司、准点率高的航空公司、Skytrax 五星级航空公司、属于三大联盟的航空公司在国际航线上的竞争中能够获得更大的市场份额。航线端点城市的人均收入越高，该国际航线上的客运量越大。

接下来，为继续检验本章实证结果的稳健性，除上述安慰剂检验外，还做了两个处理：第一，更换对照组。剔除对照组中与四大并购航空公司有重叠的航线后，再做双重差分回归。结果没有显著改变，与基准回归结果基本一致。第二，模型中不再使用交互项 $Merger \times MUFMtreat$ 和 $Merger \times CAZHtreat$ 来衡量并购的净效应，而是将东上并购和国深并购分两个子样本进行回归分析。结果仍然发现东上并购和国深并购对四大航空公司的国际市场份额没有显著影响。限于篇幅，这里不再报告有关结果。综合以上检验，有充分理由认为本章的准实验设计、样本分组是合理的，所得结论稳健可靠。

4.5 结论及讨论

本章使用双重差分模型，分析了东上并购和国深并购对东航和国航在国际市场上所占市场份额的影响。尽管当以集团为单位计算国际市场份额变化时，发现东航在并购后国际市场份额显著增加，但当以独立航空公司为单位计算国际市场份额变化时，与既有文献的结果不同，中国民航市场上的计量结果不支持"国家冠军理论"，即国内航空公司并购未能提升其国际影响力（国际市场份额）。民航业是高固定成本和低边际成本的行业。当航线上乘客数量上升时，航空公司平均成本下降，即航空公司实现规模经济。传统理论认为，航空公司通过并购，构建"中枢轮辐式"网络，减少了国内航线上的竞争，从而降低了航空公司提供国际航线服务的成本，得以将更多资源和精力投入国际市场的运营和服务质量的改善中，从而获得更多的市场份额，实现规模收益和国际竞争力的提升。但本章计量结果表明，东上并购和国深并购并未实现东航、国航、深航、上航国际竞争力的提升。

近年来，随着经济的增长和消费水平的升级，各大国内民航企业越来越重视国际市场。由于国际航线的开通不仅需要中国民航局的审批，还需要向途径国的民航局申请飞跃领空许可，因此壁垒较高，主要航线市场仍然被国航、东航、南航三家航空公司主导①。2016 年,在所有服务国际市场的国内航空公司中,国航、东航、南航三家航空公司的市场份额为 83%。虽然国航、东航、南航三家航空公司所占市场份额巨大,但没有一家航空公司对某个区域市场有绝对的领导力。作为一个潜力巨大的市场,国际航线是各大航空公司争夺的焦点。本章实证结果建议:并购并不能显著提高航空公司的国际竞争力,而构建"中枢轮辐式"航线网络结构、提高准点率等服务质量、加入三大航空运输集团、适当降低航线票价等措施均有利于加强国内航空公司在国际市场上的竞争力。本章的结论为航空公司增强国际竞争力的路径提供了实证依据。

---

① 《2017 年中国航空业行业发展现状及发展趋势分析》,中国产业信息网,2018.1.6. 详见:http://www.chyxx.com/industry/201801/600681.html。

5 中国民航并购的价格效应

本章基于市场势力理论和 SCP 范式理论（参见 2.1 小节），实证分析东上并购与国深并购对国内民航市场票价的影响。如前面章节所述，东上并购是重叠航线上的并购，国深并购是互补航线上的并购，而规模效应更易在互补航线并购上实现（参见 2.2.1 小节），本章将对东上并购样本和国深并购样本分别分析，以对比两个不同网络结构类型的并购对民航市场价格影响的异同。

5.1 引言

民航并购的价格效应是最为政策制定者、反垄断部门，以及学者们关注的并购效应。根据市场势力理论，并购会导致市场集中度上升，增强企业的提价能力和垄断势力，甚至可能引发企业间的串谋行为，限制或阻碍有效竞争。具体而言，民航并购可能通过两种方式影响市场竞争：第一种是企业采用独自参与竞争的方式，单方面提高自己航空公司的票价；第二种是并购后产生的大企业之间形成长期稳定的串谋关系，作为一个利益共同体共同提高航空公司的票价。本章探究东上并购和国深并购产生的市场价格效应，下一章探讨东上并购和国深并购产生的市场串谋效应。图 5.1 和图 5.2 分别是东航及上航、国航及深航自 2007 年第二季度到 2016 年第四季度在所有国内样本航线上的平均经济舱票价走势。

可以看出，四家航空公司的票价在这期间均稍有上升。具体而言，东航平均票价低于上航，国航平均票价高于深航。四家航空公司在 2010 年前后票价均有较明显的上升。

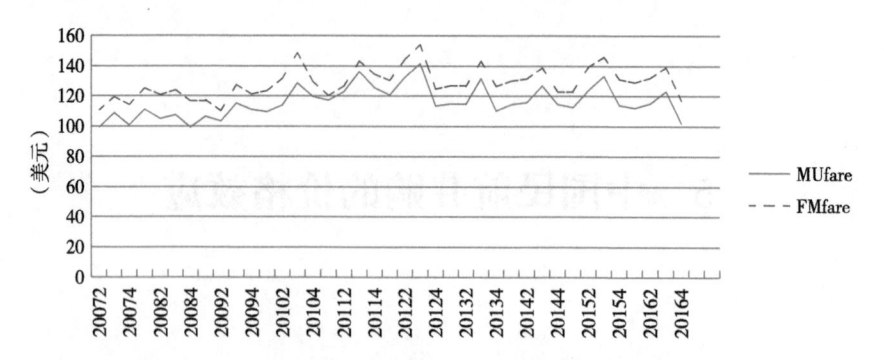

图 5.1　2007 年第二季度到 2016 年第四季度东航及上航在国内样本航线上的平均票价

资料来源：根据 IATA 数据库整理得出。

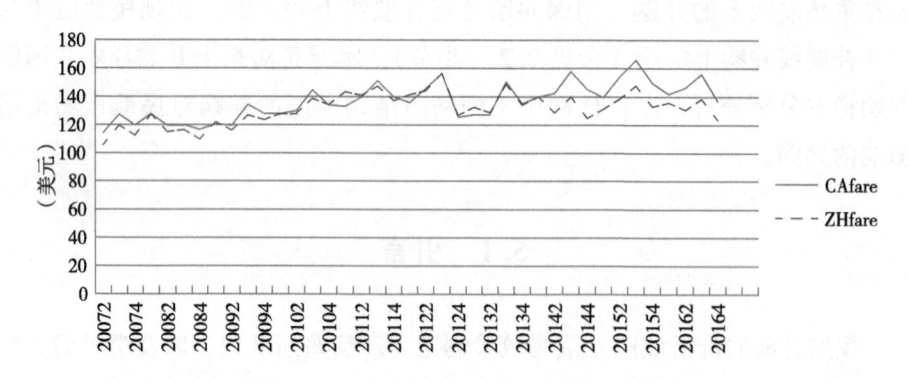

图 5.2　2007 年第二季度到 2016 年第四季度国航及深航在国内样本航线上的平均票价

资料来源：根据 IATA 数据库整理得出。

在传统的反垄断司法实践中，横向并购常使用基于市场集中度的结构分析方法作为审查工具，这种方法通过比较并购前后赫芬达尔-赫希曼指数或者市场集中度的大小以及变化情况，来判定并购是否造成了市场集中度上升并产生了反竞争效应。这种方法操作难度小，执行成本低，是横向并购评估审查的基本方法。但是该方法缺乏定量分析，不能够准确反映出并购的反竞争效应（余东华和刘滔，2014）。尽管东上并购和国深并购被媒体广泛关注，但国内外研究两大并购价格效应的文献非常少，这主要由于航线票价数据的不可获得性。例如，唐兵等（2012）使用定性分析法和案例法，对东上并购价值创造的复杂过程及影响因素做了深入考察，构建了一个并购价值创造机理模型。李春玲和王彧（2013）利用《从统计看民航》的数据研究了东上并购对中国航空公司国际竞争力的影响。余东华和刘滔

(2014) 利用2009年《从统计看民航》的数据，使用结构分析方法和模拟分析方法评估了东上并购的价格效应。张（Zhang，2015）使用旅行社终端售票数据，研究了东上并购对票价造成的影响。截至目前，还没有研究使用航空公司-航线层面的数据系统分析过东上并购和国深并购对中国民航市场造成的不同价格效应。

由第3.2小节国内市场势力的分析可知，两大并购均显著引起了相关市场上集中度的上升，因此，两大并购也很有可能引起相关市场上的价格上升。为剔除其他可能影响航空公司票价的因素的影响，本章继续使用双重差分模型进行分析。与第4章不同的是，本章对处理组航线进行了进一步分类。根据既有研究结论，重叠航线上的并购更容易引起相关市场上票价上涨；而互补航线上的并购则容易实现效率协同和成本节约，造成相关市场上票价下降或不变。基于此，本章在双重差分模型中将处理组分为了"重叠航线""互补航线""竞争航线"三类。另外，由于东航和上航在并购前共用同一个机场（上海浦东机场）作为枢纽机场，并且共同服务多条航线，因此，东上并购可以看作是重叠航线上的并购；而国航和深航在并购之前有较少航线相重叠，且所处的枢纽机场不同，因此国深并购可以看作是互补航线上的并购。两大并购的网络结构不同，为对比分析二者的价格效应提供了宝贵的研究视角。本章使用跨度十年的航空公司-航线层面的面板数据，对比分析了东上并购和国深并购对航空票价造成的不同影响，并进一步细化了两大并购的长、短期价格效应，得出了与既有理论、实证研究不同的结论，对既有理论和实证文献做出了补充。

本章结构安排如下。第2小节介绍本章使用的计量模型，第3小节介绍数据及变量，第4小节展示计量方法并根据计量分析的结果得出讨论。最后总结本章主要结论。

5.2 模型

本章继续采用双重差分模型分析东上并购与国深并购是否造成了相关航线上票价的上涨。双重差分模型如式（5.1）所示。处理组航线在第4章的基础上，进一步分成了三类航线：重叠航线（overlap）、互补航线（potential）、竞争航线（rival）。具体模型如下所示：

$$\ln(Fare)_{ijt} = \beta_0 + \beta_1 overlap_{ij} + \beta_2 potential_{ij} + \beta_3 rival_{ij} + \beta_4 T_t + \beta_5 T_t \times overlap_{ij}$$
$$+ \beta_6 T_t \times potential_{ij} + \beta_7 T_t \times rival_{ij} + \delta X_{ijt} + \gamma_i + \varphi_j + v_t + \mu_{ijt}$$

(5.1)

模型中，因变量是航空公司 i 在航线 j 上于时间 t 时的每公里平均票价的对数形式。T 是表示时间的二值变量。并购发生之前 T 值为 0，并购发生之后 T 值为 1。航线类型二值变量 *Overlap*、*Potential* 和 *Rival* 是根据科沃卡和舒米金娜（Kwoka and Shumikina, 2010）以及乐（Le, 2016）文中的定义来分类的。*Overlap* 航线指参与并购的公司在并购前重叠的航线；*Potential* 航线指并购前由参与并购的公司一方服务，另一方没有服务，或仅在端点城市提供服务的航线；*Rival* 航线指未参与并购的公司在并购前与一家或两家参与并购的公司共同竞争的航线。其中，*Overlap* 航线和 *Potential* 航线来源于参与并购的航空公司，*Rival* 航线和 *Control* 航线来源于未参与并购的航空公司。例如，在东上并购中，假如东航和上航都在北京—上海这条航线上执飞，则这条航线为东航和上航的 *Overlap* 航线，若南航也在这条航线上执飞，由于南航未参与并购，则南航的这条航线是东上并购中的 *Rival* 航线。另一方面，假设东航在北京—上海这条航线上执飞，而上航不飞该航线；或上航在北京—上海这条航线上执飞，而东航不飞该航线；或东航在北京—西安航线或上海—三亚航线上执飞，则这条航线为东航或上航的 *Potential* 航线。与并购航空公司及航线完全没有关系的航线设为 *Control* 航线，即对照组航线。在 DID 模型中，*Overlap*、*Potential* 和 *Rival* 与时间二值变量 T 的交互项系数是本章的关键解释变量，它们代表两大并购在不同类型航线上的票价的净效应。由于民航并购直接导致重叠航线上竞争者数量的减少，变量 *Overlap* 与 T 的交互项系数应为正向显著。同时，并购航空公司在重叠航线上提高票价后，由于非并购航空公司可能在该航线上模仿并购航空公司的行为来获取利润，因此变量 *Rival* 与 T 的交互项系数也应该是正向显著的。*Potential* 航线作为互补航线，其效应有争议。一方面，并购并未直接减少 *Potential* 航线上的竞争者，因此变量 *Potential* 与 T 的交互项系数可能并不显著。另一方面，根据波伦斯坦（Borenstein, 1990），科沃卡和舒米金娜（Kwoka and Shumilkina, 2010），以及法格达和费迪格罗（Fageda and Perdiguero, 2014）的研究，即使在互补航线上，当市场中缺乏有效竞争者时，并购也会导致民航票价的升高。因此在缺乏竞争的市场中，*Potential* 与 T 的交互项系数也可能为正显著。表 5.1 和

表 5.2 列出了两个并购中不同类型航线产品的个数①。在东上并购中，东航与上航在并购之前共有 112 个航线产品是相互重叠的，167 个航线产品是互补的，来自非并购航空公司的竞争航线产品共 297 个，对照组航线产品，即与东航和上航都无关的航线共 453 个，总观测值有 37 760 个。国航与深航在并购之前共有 36 个重叠航线产品，203 个互补航线产品，315 个来自非并购航空公司的竞争航线产品和 435 个对照组航线产品，总观测值有 36 256 个。除上述变量外，矢量 X_{ijt} 包含一系列控制变量，如人口、航线距离、赫芬达尔-赫希曼指数、低成本航空二值变量（LCC）、高铁二值变量（HSR）等。

表 5.1 东上并购的航线类型及数量

航线类型	航线数量
Overlap 航线	112
Potential 航线	167
Rival 航线	297
Control 航线	453
总计	1 029

表 5.2 国深并购的航线类型及数量

航线类型	航线数量
Overlap 航线	36
Potential 航线	203
Rival 航线	315
Control 航线	435
总计	989

5.3 数据及变量

本章的国内市场航线数据同样采集自国际航空运输协会（IATA）的

---

① 注意，这里所指的航线产品个数是航空公司-航线层面的个数。例如"东航-北京-上海"与"国航-北京-上海"对消费者来说是两个不同的航线产品。

AirportIS（Airport Intelligence Services）数据库。根据《从统计看民航》（CAAC，2015），本章选取了 280 条客运量最大的航线。注意，尽管 2014 年全国共有 2 652 条国内航线，但本章选取的 280 条航线占据了总民航客运量的 2/3。在这 280 条航线上，本章选取了国内客运量最大的十一家航空公司进行研究，它们的市场份额合计约占整个国内民航运输市场的 75%[1]。由于数据库早期数据缺失，本书删掉 2007 年第一季度以前的数据，并删掉自 2007 年第二季度到 2016 年第四季度间不连续运营的航线，删掉季度需求小于 1 000 人的异常值。与上一章一致，样本中的国内航线被看作是有方向的，例如北京—上海与上海—北京被认为是两条不同的航线。为使用城市对数据，将数据库中同一个城市的机场（如上海虹桥机场和上海浦东机场）的数据合并到一起。最后国内民航市场上得到的样本跨度为 2007 年第二季度至 2016 年第四季度，共得到 46 728 个观测值。[2]

模型（5.1）中包括的解释变量有：

Distance：航线距离，在模型中使用航线距离的对数形式。由于因变量是每公里票价，随着距离的增加，根据规模经济效应，单位距离上的票价会下降，因此该变量预期符号为负。数据收集自 2015 年《中国民用航空工业统计年鉴》。

POP：人口，在模型中使用两个端点城市算术平均人口的对数值。数据收集自 2007—2016 年《中国城市统计年鉴》[3]。

Tourism：是否为旅游城市，如果该变量为 1，则端点城市为旅游城市。旅游城市的定义来源于福布斯中国旅游城市前三十位排名清单[4]。

HHI：赫芬达尔-赫希曼指数，在模型中使用其对数形式，计算方式参见式（3.3）。

LCC：航线上是否有低成本航空公司运营。如果航线上有春秋航空公司在运营，该二值变量为 1；反之为 0。由于低成本航空公司是传统航空公司的竞

---

[1] 本章选取国内客运量最大的十一家航空公司为样本主要有两个原因：第一，这十一家航空公司所占市场份额约为整个国内民航运输市场的 75%，具有代表性。第二，其他小型航空公司或支线航空公司的价格行为和竞争行为可能与大航空公司很不相同。

[2] 由于春秋航空进入各航线时间不连续，因此面板数据为非平衡面板数据。

[3] 在具体分析中，使用户籍人口和常住人口作为控制变量分别做了回归，计量结果一致。这里仅报告使用户籍人口作为控制变量的结果。

[4] 详见：https://travel.ifeng.com/news/detail_2014_12/16/39798864_0.shtml。

争对手，该变量预期符号为负。

HSR：航线上是否有高铁运营。如果航线上有高铁在运营，该二值变量为1；反之为0。由于在中短途航线中，高铁可以看作飞机的替代品，该变量预期符号为负。

主要解释变量和描述统计如表5.3和表5.4所示①。

表5.3　东上并购样本中变量的描述统计

变量名称	均值	标准差	最小值	最大值
Price（RMB）	852.95	297.92	211.54	2 681.07
Distance（km）	1 190.07	526.80	254.00	3 278.00
POP（万人）	871.48	426.78	93.11	2 417.08
HHI	6 042.71	2 315.73	2 057.36	10 000.00

表5.4　国深并购样本中变量的描述统计

变量名称	均值	标准差	最小值	最大值
Price（RMB）	852.95	315.56	217.77	2 681.07
Distance（km）	1 218.39	540.53	254.00	3 278.00
POP（万人）	867.51	433.53	93.11	2 417.08
HHI	5 914.11	2 265.74	2 083.84	10 000.00

5.4　计量结果与分析

在对模型进行回归分析之前，首先进行豪斯曼检验。豪斯曼检验拒绝了所有解释变量都与面板个体差异无关的假设，因此应使用个体固定效应方法对模型进行估计。但与第4章相似，作为对照参考，本章仍然列出了个体随机效应的计量结果。除控制个体固定效应外，所有回归中都包含了时间固定效应，以控制样本中共同的时间趋势。回归结果如表5.5和表5.6所示。

---

① 表中省略了二值变量 *Tourism*、*LCC*、*HSR* 的描述统计。

表 5.5 东上并购的回归结果

变量	(a) RE 系数	(标准差)	(b) FE 系数	(标准差)
$Overlap$	0.010 5	(0.023 1)	—	—
$Rival$	−0.095 6***	(0.017 1)	—	—
$Potential$	−0.051 1***	(0.015 4)	—	—
T	0.100 4***	(0.012 1)	0.127 0***	(0.007 6)
$T \times overlap$	0.025 8	(0.016 8)	0.036 3**	(0.016 8)
$T \times rival$	0.017 7	(0.013 2)	0.024 0*	(0.013 1)
$T \times potential$	0.002 9	(0.011 1)	0.005 0	(0.011 2)
$\ln HHI$	−0.057 9***	(0.017 9)	−0.077 2***	(0.021 6)
$\ln Distance$	−0.447 0***	(0.016 3)	—	—
$\ln POP$	0.032 1**	(0.015 5)	0.260 5***	(0.076 3)
HSR	0.018 3	(0.011 3)	0.017 4	(0.011 1)
LCC	−0.053 7***	(0.011 6)	−0.041 5***	(0.012 3)
$Tourism$	−0.032 2**	(0.015 0)	—	—
$Constant$	1.072 4***	(0.217 6)	−3.439 1***	(0.547 3)
N	37 760		37 760	
R^2	0.583		0.254	

注：(1) 括号中为稳健标准误。
(2) *、**、***分别表示在 10%、5%、1%水平上显著。
(3) 豪斯曼检验支持固定效应回归。
(4) 所有模型中包含年度、季度二值变量，此处为节省空间，未予报告。

表 5.6 国深并购的回归结果

变量	(a) RE 系数	(标准差)	(b) FE 系数	(标准差)
$Overlap$	0.038 4	(0.032 8)	—	—
$Rival$	0.008 1	(0.017 5)	—	—

续表

变量	(a) RE 系数	(标准差)	(b) FE 系数	(标准差)
Potential	0.074 1***	(0.015 9)	—	—
T	0.012 8*	(0.007 6)	0.013 4*	(0.007 6)
T×overlap	0.074 3***	(0.021 6)	0.069 9***	(0.020 9)
T×rival	0.083 6***	(0.011 3)	0.082 6***	(0.011 3)
T×potential	0.059 4***	(0.010 6)	0.057 2***	(0.010 6)
ln*HHI*	-0.030 4**	(0.015 4)	-0.038 4**	(0.018 6)
ln*Distance*	-0.441 9***	(0.019 8)	—	—
ln*POP*	0.012 2	(0.014 7)	0.142 6**	(0.065 4)
HSR	0.023 4**	(0.011 1)	0.022 7**	(0.011 0)
LCC	-0.062 7***	(0.010 1)	-0.045 9***	(0.010 8)
Tourism	-0.038 5**	(0.016 2)	—	—
Constant	0.906 5***	(0.220 3)	-1.357 8***	(0.236 9)
N	36 256		36 256	
R^2	0.546		0.263	

注：(1) 括号中为稳健标准误。
(2) *、**、*** 分别表示在10%、5%、1%水平上显著。
(3) 豪斯曼检验支持固定效应回归。
(4) 所有模型中包含年度、季度二值变量，此处为节省空间，未予报告。

在表5.5和表5.6中可以看到，个体固定效应回归和个体随机效应回归的结果中，关键解释变量交互项 *T×overlap*、*T×rival*、*T×potential* 的符号和显著性保持了高度的一致，并且基本与本章5.2小节中的预期相符。下面对比表5.5和表5.6来详细解释结果。首先，国深并购中，交互项 *T×overlap* 系数的符号在固定效应回归和随机效应回归中均为正显著；在东上并购中的随机效应回归中不显著，但在固定效应回归里为正显著，这说明东上并购和国深并购确实引起了重叠航线上票价的上升。国深并购中，交互项 *T×rival* 系数的符号在固定效应回归和随机效应回归中均为正显著，在东上并购的固定效应回归里也是正显著，并且系数的大小与 *T×overlap* 系数的大小相近，这说明非并购航空公司在与并购航空公司重叠的航线上,很可能模仿并购航空公司的价格策略,造成非并购航空公司在这些航线上票价的升高。东上并购中,交互项 $T \times potential$ 的系数在固定效应回归和随机效应回归中均不显著,但在国深并购中均正向显著。这说明,在 Potential 航线上,东上并购和国深并购的效应不同。东上并购并未直接引起相关 Potential 航线上竞争的减少,因此价格上升不显著。但国深并购中由于相关市场缺乏竞争,并购又导致了潜在竞争者的减少,从而引起了 Potential 航线上票价的显著上升。两大并购中不同类型的航线上价格的变化幅度也验证了这一点。从表中可以看到,国深并购在重叠航线上引起 7.0% 的价格上升,在竞争航线上引起 8.3% 的价格上升,但东上并购中的价格上升程度较小:重叠航线上价格上升 3.6%;竞争航线上价格上升 2.4%。这说明相比国深并购影响的市场,东上并购影响的市场上来自其他航空公司的有效竞争更加充足。例如,中国目前最大的低成本航空公司春秋航空,以及中国最大的民营航空公司吉祥航空,均以上海为大本营,这在一定程度上削弱了并购后东航集团抬高价格的能力。但北京作为国航集团的大本营,则受到了更严格的市场管控。例如春秋航空成立六年后,才获得了上海—北京的飞行航权。因此有理由相信,平均来看,东航集团执飞的航线上来自其他航空公司的竞争比国航集团执飞的航线更充足。

下面解释其他控制变量的系数和符号。第一,变量 $Distance$ 的系数在所有回归中均在 1% 的置信水平上显著为负,这意味着随着距离的增加,由于规模经济效应的存在,单位票价下降。第二,变量 $Tourism$ 的系数在固定效应回归和随机效应回归中均为显著负。这符合预期,因为民航经济舱旅客普遍对价格很敏感,往往选择购买折扣票价出行。第三,变量 $\ln POP$ 的系数在东上并购的固定效应回归中以及国深并购的两个模型中均为正显著,但系数较小。这说明随着航线端点城市人口数量的增加,民航需求增加,在供给一定的情况下,导致民航票价上涨。第四,二值变量 LCC 在两个表格中的所有回归中均为负显著,这意味着低成本航空公司的竞争迫使传统航空公司的票价下降,这与相关文献的结果一致。值得注意的是,变量 HSR 的系数在两个样本中都是正显著,这不符合预期。高铁作为民航在中短途航线上有力的竞争者,有高铁进入的航线上竞争更激烈,民航票价因此应更低,HSR 的系数应为负显著。通过对数据进一步的分析后发现,截至 2016 年底,高铁在样本中的 224 条航线上提供服务,但在这 224 条高铁线路中,有 162 条高铁线路是 2014 年以后开通的。高铁对民航票价的正向效应是否与高铁 2014 年大规模进入民航市场有关呢？为对比高铁在 2014 年前与 2014 年后对民航票价不同的效应，本章在模型（5.1）中加入另一个表示 2014 年之后的时间二值变量 T' 及它与高铁的交互项——$HSR2014$。若某条航线上有高铁进入，且高铁的开通时间为 2014 年之后，则此交互项值为 1；反之，此交互项值为 0。即，该交互项的系数衡量了 2014 年前后高铁对民航票价的不同影响。而变量 HSR 与变量 $HSR2014$ 的系数的和则衡量了 2014 年以后有高铁开通的航线与没有高铁开通的航线上的民航票价的平均值的差。新的模型的回归结果如表 5.7、表 5.8 所示。

表 5.7　东上并购考虑 $HSR2014$ 的估计结果

变量	(a) RE 系数	(标准差)	(b) FE 系数	(标准差)
$T\times overlap$	0.024 7	(0.016 8)	0.035 2**	(0.016 8)
$T\times rival$	0.018 0	(0.013 3)	0.024 3*	(0.013 2)
$T\times potential$	0.004 3	(0.011 2)	0.006 4	(0.011 3)
HSR	−0.044 2***	(0.010 6)	−0.046 6***	(0.010 5)
$HSR2014$	0.074 0***	(0.014 4)	0.075 7***	(0.014 3)
LCC	−0.051 4***	(0.011 6)	−0.039 0***	(0.012 3)
$Constant$	1.033 8***	(0.218 5)	−3.507 8***	(0.550 7)
N	37 760		37 760	
R^2	0.533		0.256	

注：(1) 括号中为稳健标准误。
(2) *、**、*** 分别表示在 10%、5%、1% 水平上显著。
(3) 豪斯曼检验支持固定效应回归。
(4) 所有模型中包含年度、季度二值变量，此处为节省空间，未予报告。

表 5.8　国深并购考虑 $HSR2014$ 的估计结果

变量	(a) RE 系数	(标准差)	(b) FE 系数	(标准差)
$T\times overlap$	0.073 3***	(0.021 7)	0.068 6***	(0.021 0)
$T\times rival$	0.085 1***	(0.011 3)	0.084 1***	(0.011 4)
$T\times potential$	0.061 8***	(0.010 7)	0.059 6***	(0.010 8)

续表

变量	(a) RE 系数	(标准差)	(b) FE 系数	(标准差)
HSR	−0.058 0***	(0.012 3)	−0.059 4***	(0.012 3)
HSR2014	0.096 9***	(0.015 6)	0.097 6***	(0.015 5)
LCC	−0.059 3***	(0.010 0)	−0.042 1***	(0.010 6)
Constant	0.868 7***	(0.219 7)	−3.059 8***	(0.462 6)
N	36 256		36 256	
R^2	0.547		0.268	

注：(1) 括号中为稳健标准误。

(2) *、**、*** 分别表示在10%、5%、1%水平上显著。

(3) 豪斯曼检验支持固定效应回归。

(4) 所有模型中包含年度、季度二值变量，此处为节省空间，未予报告。

表5.7和表5.8的结果表明，加入交互项 HSR2014 后，变量 HSR 的系数由正显著变为了负显著，交互项 HSR2014 的系数为正显著。进一步用 F 检验验证，发现 HSR 与 HSR2014 的和的系数在两个样本的所有回归中均在10%置信区间上显著。即，2014年之前，高铁的开通使得民航票价显著降低。但2014年之后，高铁的开通对民航票价的负面影响逐渐消失了。笔者认为造成这种现象的原因主要有以下几个：

第一，在高铁2009年进入中国市场前，中国民航局已经认识到了它的潜在威胁并采取了一定的应对措施。例如，为应对京沪高铁的开通，2007年中旬，北京和上海之间引入了"民航快速通道"联合项目，在北京首都机场及上海虹桥机场设置特殊的登机办理及快速安检区域，它的目的是为这两地间的商务舱旅客提供更快捷灵活的服务。该项目最大的亮点在于机票被五家航空公司同时承认，假如旅客错过了当前航班，可以直接被安排到其他航空公司的下一班航班上。同时，在京沪高铁开通后，为保证一定的上座率，航空公司密切监测两地间机票的预订情况及价格情况。这意味着，在高铁服务刚刚进入京沪两地时，为保证上座率，民航企业提高价格的空间很小。但是，随着时间的推移，航空公司逐渐建立起应对高铁竞争的长效机制，例如，使用更小的飞机，提高航班频率，向价格不敏感的乘客收取更高的票价等。这些应对高铁竞争的措施为民航票价的上升提供了空间。

第二，奥巴拉特等（Albalate et al., 2015）提到，在中转机场，特别是有高铁站的中转机场，高铁可以给长途民航航班提供乘客补充服务（feeding service），高铁不再是民航的竞争者，而成了合作者。近年来，中国民航企业也陆续尝试并推广了该合作模式。例如，东航集团于2012年引进了空铁合作服务，通过该服务，上海周边城市如杭州、苏州、无锡的乘客可以购买联票先乘坐高铁至上海虹桥机场，再乘坐飞机飞往目的地。该项合作服务于2014年被推广至东航集团的其他枢纽机场，如武汉天河国际机场等。类似的，在过去几年间，国航集团也在上海及成都引进了空铁合作服务项目。同时，自2013年以来，春秋航空开始为自石家庄正定机场出发及抵达石家庄正定机场的北京旅客提供往返于北京与石家庄间的免费高铁票。2014年，天津机场也为北京乘客启动了高铁票补贴项目。另外，为疏解北京首都机场的拥堵现状，2017年中国民航局局长宣布，部分自二线、三线城市飞往北京的航班需要转至天津或石家庄，再通过高铁到达北京。由此看来，一方面，高铁在中短途航线上是民航的有力竞争对手；另一方面，在长途航线上，高铁又为民航中转机场运送更多的客源，与民航建立了合作关系。因此笔者认为，随着高铁与民航间合作整合的加深，高铁对民航票价的积极作用逐渐呈现。

最后，本章实证检验并购对民航票价的动态影响。并购引起的票价效应可能会随着时间改变。在美国民航市场的研究中，莫里森（Morrison, 1996）、胡舍尔拉特和穆勒（Huschelrath and Muller, 2014）对比研究了并购的长短期价格效应，并发现长期和短期中并购对民航票价的影响显著不同。因此，本章在原有模型（5.1）的基础上，加入时滞效应，进一步考察东上并购及国深并购价格效应的长短期变化，结果如图5.3和图5.4所示。

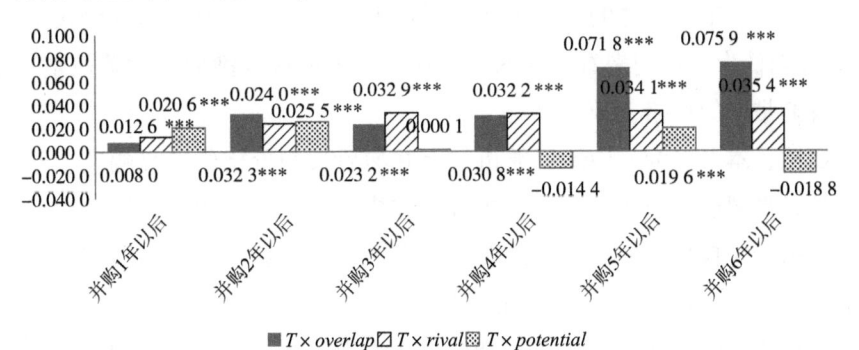

图5.3 东上并购中 $T×overlap$、$T×rival$ 和 $T×potential$ 的系数

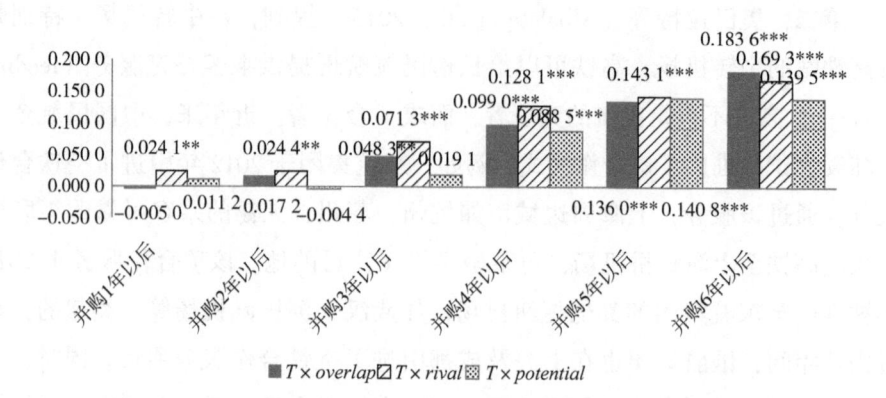

```
0.200 0                                                          0.183 6***
0.150 0                                    0.128 1***   0.143 1*** 0.169 3***
0.100 0                          0.071 3***  0.099 0***            0.139 5***
                                            0.088 5***
0.050 0   0.024 1**  0.024 4**   0.048 3**
         -0.005 0   0.011 2  0.017 2  0.019 1
0.000 0          -0.004 4
-0.050 0                                        0.136 0***  0.140 8***

  并购1年以后  并购2年以后  并购3年以后  并购4年以后  并购5年以后  并购6年以后

       ■ T×overlap  ◪ T×rival  ▨ T×potential
```

图 5.4　国深并购中 T×overlap、T×rival 和 T×potential 的系数

图 5.3 和图 5.4 表明，在两个并购案例中，并购后随着时间的推移，票价增长的幅度均显著变大。短期看，东上并购的票价增长幅度远大于国深并购，这可能由两个原因导致：第一，东上并购中，东航和上航共用一个枢纽机场，并且包含更多的重叠航线。金和西格纳尔（Kim and Signal，1993）提到，当两家航空公司共用一个枢纽机场时，并购将赋予它们更大的市场势力，从而约束消费者的选择。第二，东上并购前，东航和上航都面临严重的财务危机。金和西格纳尔（Kim and Signal，1993）在美国民航市场中发现，并购前有财务困难的企业在并购后更倾向于提高票价。长期来看，国深并购后票价的上升幅度要高于东上并购后票价的上升幅度。图中显示，国深并购六年以后，重叠航线、竞争航线、互补航线上票价分别上升 18.4%、16.9%、14.0%。这与美国市场上已有的实证结果不同。胡舍尔拉特和穆勒（Huschelrath and Muller，2014）发现，长期来看，达美航空（Delta Airlines）和西北航空（Northwest Airlines）并购后，短期内票价上升了 11%，而长期票价仅上升了 3%。他们认为，长期来看，并购后其他竞争者的进入削弱了达美航空-西北航空并购带来的价格上升。

因此，本书认为，中国民航市场上并购后长期价格的升高幅度大于短期价格的升高幅度有以下原因。一方面，在中国民航市场上，并购发生后的几年内，由于来自高铁的竞争非常激烈，航空公司为保证客座率无法提高票价。随后的几年里，随着航空公司加强对高铁的应对策略，飞机票价开始升高。因此长期价格的上涨幅度大于短期。另一方面，两个并购使得国航集团和东航集团获得了一定程度的市场势力，这也使它们能够抬高票价。事实上，根据并购的市场进入理论（参见 2.1 小节），并购后若市场中有充分的竞争，参与并购的航空公司的市场势力并不会显著增加。但如上面所述，由于国航集团服务的航线上缺乏来自其他既存航空公司的有效竞争，较高的进入壁垒又一定程度上限制了新成立航空公司的进入，导致民营航空公司和低成本航空公司试图在这些市场中占据市场份额非常困难，从而引起了国航集团并购后长期票价更大幅度的上升。

5.5 结论及讨论

本章使用双重差分模型，研究了中国民航两个大的并购——东上并购及国深并购的价格效应。概括来说，相对于对照组航线，两个并购中受到并购影响的航线上的票价均显著上升了，但两个并购呈现的价格效应又有所不同。首先，尽管东航与上航在并购前共用一个枢纽机场，并且服务的重叠航线远多于国航和深航，但受到东上并购影响的市场上的价格的升高幅度要小于受到国深并购影响的市场上的价格的升高。其次，并购结束后的短期内，受到东上并购影响的市场的价格升高幅度要高于国深并购，但长期来看，国深并购造成的价格升高幅度要更大。

本章的发现对于反垄断政策有重要的意义。传统的理论及实证结果认为，民航并购造成的反竞争效应主要发生在重叠航线或由枢纽机场连接的航线中。东上并购及国深并购发生后短期内的实证结果验证了上述理论。但长期来看，国深并购造成的价格上升幅度更大，意味着国航集团在长期获得了更大的市场势力。尽管无法把国航集团长期中价格的上升完全归于并购的影响，但这个结论说明了反垄断机构在审批民航并购案例时，不仅仅要关注航空公司航线网络的布局情况，还需要关注市场的准入条件以及市场中是否存在充足的竞争。

本章在以下几点上对既有文献做出了补充。第一，本章第一次对比研究了中国两个不同网络类型的民航并购案例的价格效应，得出了与既有理论研究和实证研究不同的结论。第二，本章使用的数据跨度从 2007 年第二季度到 2016 年第四季度，涵盖国内客运量 75% 的航线。其数据跨度之大，涵盖范围之广。第三，与既有文献不同，本章发现在中国市场上，不仅重叠航线的民航并购会造成价格上升，互补航线上的民航并购也会造成价格上升。即并购的价格效应不仅取决于并购双方的网络结构，还取决于市场是否存在充足且有效的竞争、市场准入条件及壁垒等。第四，本章发现高铁在 2014 年前后对民航票价的作用相反。2014 年之前，高铁的开通显著降低了同市场上的民航票价；2014 年之后这种负面影响逐渐消失，高铁对民航票价的积极作用逐渐出现。

6 中国民航并购的多市场接触效应

如前面所述，企业间的并购将不可避免地导致多市场接触的增加。第一，并购使民航企业规模增大、产品多样化，使得并购后的企业或集团与其他企业或集团在市场中接触的机会增多。第二，并购使民航企业网络迅速扩张、地域多元化，导致企业或集团间在不同地域上的更多接触。而企业在多市场上的接触可能引发航空公司间的串谋行为，从而导致市场价格上升。第5章的分析验证了航空公司在单独参与竞争时由于并购后市场上有效竞争减少而造成的票价上涨现象。本章从企业串谋的角度，继续研究并购后增加的多市场接触行为是否引起了企业间的串谋行为和票价的共同上涨。

6.1 引言

当企业生产的产品在多个市场中相遇时，由于"相互容忍"现象的存在，一般认为企业串谋的可能性会增加。"相互容忍"现象是一种建立在企业间相互了解和威慑基础上的静默串谋（tacit collusion）行为。多市场接触为企业提供了了解竞争对手策略的机会，增强了企业间的战略协作关系（Baum and Korn, 1996; Scott, 1993），即企业能够通过多市场接触获得更多竞争企业的信息，企业间相互依赖性的行为也随之增多。但企业间相互了解并不足以维持"相互容忍"的关系，贾亚钱德兰等（Jayachandran et al., 1999）提到，只有在企业有能力和机会损害其竞争对手时，维持"相互容忍"现象所需的威慑力才存在。由此可知，"相互容忍"现象无法在单一市场的框架下实现，仅能在多市场框架下存在。因此，在多市场接触框架下的竞争行为与单一市场框架下的竞争行为可能很不相同。根据既有研究结论，当企业间存在多市场接触关系时，每一家企业都不太可能脱离静默串谋关系，即便脱离这种串谋关系能够在某些市场上给企业带来利润（Karnani and Wernerfelt, 1985; Porter, 1980, 1985）。

多市场接触已经被经济学家公认为是潜在的引发反竞争问题的行为，但由于它对竞争的具体影响并不明确，很多反垄断机构还未将其列为审核并购时必须考量的因素。中国民航市场在过去的十几年中发生了多次并购重组。2002年，中国9家国有航空公司并购成为三大民航集团。2010年，东上并购和国深并购发生。这些并购案的发生，为中国民航企业提供了短时期内迅速扩张网络的机会，从而引发了多市场接触的快速增长。另外，在此期间，中国民航局逐渐放松对民航市场的管制，从而使航空公司有更大的自由度进入新的市场，这也成为中国民航市场多市场接触迅速增加的原因之一。传统理论以及既有研究的结论认为，随着多市场接触的增加，航空公司间共同提价的行为也将增多。因此，研究多市场接触在中国民航市场上的票价效应，能够为反垄断机构提供重要的实证依据，帮助其更综合全面地评估并购的反竞争效应。本章使用2007年第二季度到2016年第四季度的航空公司-航线层面面板数据，实证分析多市场接触对中国民航市场票价的影响。本章使用了两种经典多市场接触指标：简单计数型多市场接触指标和利润加权型多市场接触指标。在基准回归的基础上，进一步根据民航企业在具体航线上的高、中、低利润值对航线进行了分类，对基准回归的结果进行了验证。

需要注意的是，张和罗迪（Zhang and Round, 2011）使用2002—2004年的数据，已经对中国民航市场上多市场接触的票价效应进行了研究。尽管如此，本章分析的必要性在于：第一，与张和罗迪（Zhang and Round, 2011）的研究相比，在本章使用的样本区间，中国民航市场的运输政策、市场结构、航空公司的价格策略都发生了巨大的变化。比如，在张和罗迪（Zhang and Round, 2011）的研究期间，中国还没有低成本航空公司和民营航空公司。2007年，中国民航市场放松管制后，20家民营航空公司才进入中国民航市场，其中有目前中国最大的低成本航空公司春秋航空和最大的民营航空公司吉祥航空。第二，张和罗迪（Zhang and Round, 2011）的研究样本期间，中国还没有出台反垄断法。在缺乏反垄断法约束的背景下，中国民航企业为避免发生价格战，频繁进行合作定价活动。随着2008年中国反垄断法的出台，这种合作定价活动被认定为非法行为，因此2008年后航空公司间的串谋行为变得更为隐秘。第三，张和罗迪（Zhang and Round，2011）没有考虑高铁对民航的影响。自2008年高铁进入中国市场起，至2017年中国的高铁总里程已达到25 000千米。根据张和张（Zhang and Zhang，2016）的研究，高铁的进入引起民航市场客运量显著下降，很多航线甚至退出了市场。因此在模型中控制高铁的效应非常重要。最后，张和罗迪（Zhang and Round，2011）研究期间，政府对民航票价有很大的指挥权，但本章研究的样本区间，航空公司已经获得了更多的自主定价权。因此，在张和罗迪（Zhang and Round，2011）的基础上，继续进行本章研究，是非常必要的。

本章结构安排如下。第2小节介绍多市场接触竞争理论，第3小节介绍两种多市场接触衡量指标的概念及计算方法，第4小节介绍本章的模型及变量。第5小节展示本章的计量结果与结果解释，最后总结本章得出的结论并提出相关讨论。

6.2 多市场接触竞争理论

伯恩海姆和温斯顿（Bernheim and Winston，1990）将多市场接触理论用博弈论建模如下。

假设在两个市场A和B中，有两家企业1和2都同时在两个市场运营。企业i在市场k的策略集为S_{ik}。企业i在市场k的静态回报函数（static payoff fuction）为$\pi_{ik}(s_{ik}, s_{jk})$。这里，$s_{ik} \in S_{ik}$，$s_{jk} \in S_{jk}$。假设企业i在市场k中能够得到的最优惩罚（optimal punishment）为折扣后的回报（discounted payoff）v_{ik}，为简单起见，仅考虑静态均衡解。如果两家企业像在单一市场中竞争时那样分割对待两个市场，那么策略集（s_{1k}，s_{2k}）是完美均衡解（perfect equilibrium）的充要条件是：

$$\pi_{ik}(\hat{s_{ik}}(s_{jk}), s_{jk}) + \delta v_{ik} \leq \left(\frac{1}{1-\delta}\right)\pi_{ik}(s_{ik}, s_{jk}) \qquad (6.1)$$

式中，$i=1, 2$；$\hat{s_{ik}}(s_{jk})$是企业i应对企业j的策略集s_{jk}时的最优静态反应函数；δ是企业i和企业j的折现因子。

如果两家企业达成了串谋均衡，任何一家企业的背离行为都将在两个市场中得到惩罚。因此，如果企业决定背离价格串谋协定，它将在两个市场中都采取背离行为。那么，策略集合[（s_{1A}，s_{2A}），（s_{1B}，s_{2B}）]是完美均衡解的充分必要条件变为：

$$\sum_{k=A,B} \{\pi_{ik}(\hat{s}_{ik}(s_{jk}), s_{jk}) + \delta v_{ik}\} \leq \left(\frac{1}{1-\delta}\right) \sum_{k=A,B} \pi_{ik}(s_{ik}, s_{jk}) \qquad (6.2)$$

由多市场接触理论可知，在存在多市场接触的情况下，企业要制定最优的竞争策略和价格策略，不仅要考虑企业策略对本地市场的影响，还要考虑企业策略对与竞争企业存在多市场接触的其他市场的影响。这样一来，便增加了削弱市场竞争、产生价格串谋和超额利润的可能性。

6.3 多市场接触的衡量指标

衡量多市场接触的指标，可分为两大类：计数型和概率型。计数型多市场接触指标计算简单且易于理解，被很多学者使用（Heggestad and Rhoades, 1978；Evans and Kessides, 1994；Jans and Rosenbaum, 1997；Waldfogel and Wulf, 2006）。简单来说，这种方法简单地数出在每一个时期每一条航线上某家航空公司遇到其他航空公司的次数。

假设样本中有 I 家航空公司和 J 条航线。下标 $i=1, 2, \cdots, I$ 代表航空公司，下标 $j=1, 2, \cdots, J$ 代表航线（市场）。当航空公司 i 在航线 j 上运营时，V_{ij} 等于1，其他情况时，V_{ij} 等于0。因此可以得到一个 $I \times I$ 的对称矩阵，其非对角线上的元素 a_{kl} 可以用下式表示：

$$a_{kl} = \sum_{j=1}^{J} V_{kj} V_{lj} \quad i = 1, 2, \cdots, I \qquad (6.3)$$

非对角线元素 a_{kl} 度量了航空公司 k 和航空公司 l 相遇的次数，对角线元素度量了每家航空公司服务的航线数。如果航线 j 上有 f_j 家航空公司在运营的话，航空公司间相遇的可能组合数是 $f_j \times (f_j-1)/2$ 次。

以该矩阵为基础，可以推出航线 j 上的平均 MMC 计算公式如下所示：

$$MMC_j = \frac{1}{[f_j(f_j-1)/2]} \sum_{k=1}^{I} \sum_{l=k+1}^{I} a_{kl} V_{kj} V_{lj} \qquad (6.4)$$

如果下标中加上表示时间的 t，则 MMC_{jt} 是所有航空公司间在时间 t 时于航线 j 上相遇的平均次数。

计数型多市场接触指标 MMC_{jt} 反映了航空公司之间航线的重叠程度，但是，它也具有一定的缺陷，那就是该指数只是简单地对航线重叠的数量取算术平均数，并将所有市场上的接触看成是无差异的。然而，埃文斯和凯赛兹

(Evans and Kessides, 1994) 指出, 多市场接触指数相同的两条航线, 可能对航空公司的重要性存在巨大差异, 因此航空公司在这两条航线上的竞争行为可能完全不同。为解决这一问题, 埃文斯和凯赛兹 (Evans and Kessides, 1994) 提出, 应使用航线的收入占该航空公司总收入的份额来衡量该条航线的重要性, 从而更准确地刻画出航线上的多市场接触关系。具体而言, 使用这种方法时, 航线重叠矩阵形式如下:

$$r_{kl} = \sum_{j=1}^{J} R_{kj} R_{lj} \quad (6.5)$$

R_{kj} 是航空公司 k 在航线 j 上利润的所占比例。以航线利润比例为权重的概率型多市场接触指标的计算公式如下:

$$RMMC_j = \frac{1}{[f_j(f_j-1)/2]} \sum_{k=1}^{I} \sum_{l=k+1}^{I} r_{kl} V_{kj} V_{lj} \quad (6.6)$$

$RMMC_{jt}$ 是航空公司间在市场 j 于时间 t 时利润加权的概率型多市场接触指标。两种度量方法得到的多市场接触值的描述统计值如表 6.1 所示。

表 6.1 多市场接触指标的描述统计

变量名称	均值	标准差	最小值	最大值
MMC	59.89	43.70	0	553
RMMC (1E-3)	0.15	0.38	0	4.9

图 6.1 分别画出了两种不同测量方法下的多市场接触指标走势。图 6.1 中上方的曲线是简单计数型的多市场接触指标的走势, 下方是航线利润加权的概率型的多市场接触指标走势。可以看出, 2010 年后, 航空公司间的市场接触明显增多, 这说明, 民航并购显著增加了航空公司间的多市场接触行为。

本章具体而言分析中, 先使用了简单计数型的多市场接触指标进行模型估计, 又使用了利润加权后的概率型多市场接触指标进行模型估计。在只有一家航空公司的市场中, 本章依照埃文斯和凯赛兹 (Evans and Kessides, 1994)、西里伯托和威廉姆斯 (Ciliberto and Williams, 2014) 的处理方法, 把 MMC_{jt} 和 $RMMC_{jt}$ 都设为 0。

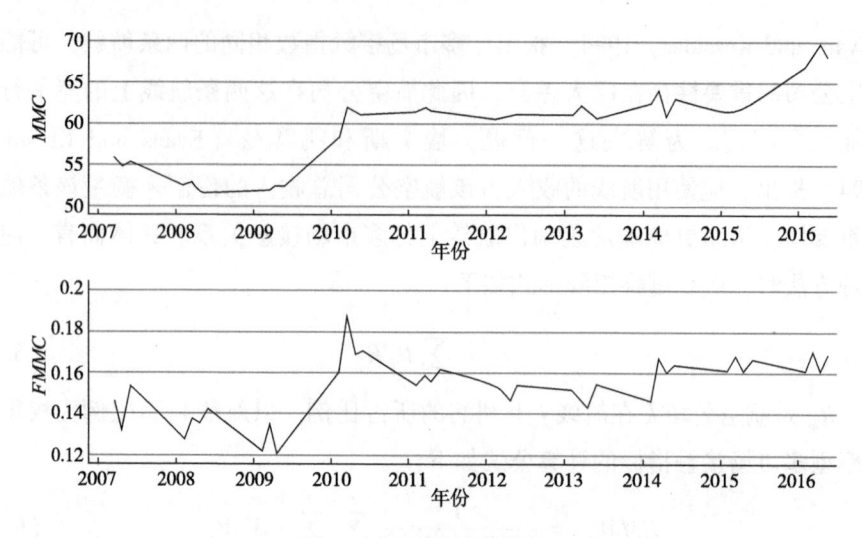

图 6.1 多市场接触指标走势

6.4 模型与变量

根据埃文斯和凯赛兹（Evans and Kessides，1994）以及西里伯托和威廉姆斯（Ciliberto and Williams，2014）的研究，本章采用简约型方程考察多市场接触对票价的影响。模型如下所示：

$$\ln Fare_{ijt} = \beta_0 + \beta_1 MMC_{jt} + \beta_2 \ln Distance_j + \beta_3 \ln POP_{jt} + \beta_4 \ln gdp_{jt} \\ + \beta_5 \ln RouteHHI_{jt} + \beta_6 \ln AirportHHI_{jt} + \beta_7 Hub_j \\ + \beta_8 HSR_{jt} + \beta_9 LCC_{jt} + \varphi Year_t + \omega Quarter_t + \theta_{ijt} \quad (6.7)$$

式中，因变量 $\ln Fare_{ijt}$ 是航空公司 i 在航线 j 上于时间 t 时的票价。模型的关键解释变量是 MMC_{jt}，它衡量的是航线 j 在时间 t 时的多市场接触，分别用式（6.4）和式（6.6）计算。$\ln RouteHHI_{jt}$ 是航线层面的赫芬达尔-赫希曼指数的对数形式。$\ln AirportHHI_{jt}$ 是机场层面的赫芬达尔-赫希曼指数的对数形式。Hub_j 是二值变量，当航线起自或终于北京、上海、广州时，该变量取值为 1，其他航线对应的该变量取值为 0。其他解释变量已在前面章节介绍过，此处不再赘述。

由于多市场接触指标与票价间存在反向因果关系，即在多个市场上接触的航空公司间更倾向共同串谋以抬高价格，同时，航空公司也更倾向进入价格高、利润高的市场，从而导致在这些市场上航空公司间更多的接触。这就导致了模型（6.7）的内生性问题。本章使用以下方法进行处理：首先，模型使用航空公司-航线层面的双向个体固定效应来确保多市场接触指标仅被航线层面的变动影响，而不被截面层面的变动影响；但这种个体双向固定效应只能解决部分内生性问题（Evans and Kessides，1994；Ciliberto and Williams，2014；Ciliberto et al.，2019）。

在此基础上，本章又使用了工具变量法控制模型的内生性。既有文献中曾使用机场登机门的利用率作为多市场接触指标的工具变量（Ciliberto and Williams，2014；Ciliberto et al.，2019）。但由于中国民航市场上该数据的不可得性，本章使用多市场接触指标自身的滞后项作为工具变量。另外，由于航空票价自身具有动态性，即前一期的票价会影响后一期的票价，因此，本章亦将票价的滞后项加入模型中，进行动态面板分析。为控制由滞后因变量和其他内生变量带来的内生性问题，在双向个体固定效应的基础上，本章又采用差分GMM（differenced generalized method of moments）方法对模型（6.7）进行估计。差分GMM方法是由阿雷利亚诺和邦德（Arellano and Bond，1991）提出的，它的核心思想是：先对原模型进行一阶差分变换，消除模型中的个体异质项。对于变换后的差分方程，将内生变量的滞后项看作该内生变量的工具变量。虽然差分GMM方法降低了内生性对模型估计的影响，但在样本量较小的情况下，差分GMM存在严重的"弱工具变量"问题，基于此，阿雷利亚诺和博韦尔（Arellano and Bover，1995）、布伦德尔和邦德（Blundell and Bond，1998）等人提出了系统GMM方法。系统GMM方法对原水平模型和差分变换后的模型同时估计，提高了估计效率。但系统GMM估计的有效性基于很强的假设：一阶差分后的工具变量与不可观测的固定效应不相关。但该假设很难被满足。在系统GMM中，滞后一期的因变量的一阶差分项$\Delta y_{i,t-1}$来作滞后一期的因变量$y_{i,t-1}$的工具变量，当E$[\Delta y_{it}\mu_i]$=0时，才能满足系统GMM的有效性假设，即E$[y_{it}\mu_i]$是不随时间变化的（Roodman，2009）。在本章中，唯有票价与航空公司-航线层面的固定效应的相关性不随时间变化时，系统GMM才是有效的，这与现实不符。另外，阿雷利亚诺和邦德（Arellano and Bond，1991）比较了差分GMM与OLS估计的结果，发现当模型的自由度足够大时，差分GMM能够得到较小偏误的估计值。本章模型的自由度为47 058，满足模型自由度足够大的条件。因此，本章采用差分GMM控制模型（6.7）的内生性问题。下面简单介绍差分GMM的过程。首先，将式

(6.7) 简写为式 (6.8):

$$\ln Fare_{ijt} = \alpha \ln Fare_{ijt-1} + \beta_1 MMC_{jt} + \beta_{-1} X_{ijt} + \eta_i + \vartheta_{ijt} \tag{6.8}$$

式中,X_{ijt} 是除 MMC_{jt} 外的一系列外生解释变量,ϑ_{ijt} 是误差项。因变量民航票价受到它自己的历史值的影响。自变量 MMC_{jt} 不是严格外生的,由于反向因果关系的存在,它可能与误差项当期值或过去值相关。为去掉个体固定效应 η_i,差分 GMM 的第一步是通过将两期模型作差消掉航空公司-航线层面的固定效应。作差后的模型转化为:

$$\ln Fare_{i,jt} - \ln Fare_{i,jt-1} = \alpha(\ln Fare_{i,jt-1} - \ln Fare_{i,jt-2}) + \beta_1(MMC_{jt} - MMC_{jt-1})$$
$$+ \beta_{-1}(X_{i,jt} - X_{i,jt-1}) + (\theta_{i,jt} - \theta_{i,jt-1}) \tag{6.9}$$

式中,将 $\ln Fare_{i,jt-1}$ 的 2 阶—3 阶滞后值作为 $\ln Fare_{i,jt-1} - \ln Fare_{i,jt-2}$ 的工具变量。当 MMC_{jt} 用简单计数型算法计算时,它的 1 阶—4 阶滞后值作为它的 GMM 型工具变量;当 MMC_{jt} 用利润加权的概率型算法计算时,它的 1 阶—3 阶滞后值作为它的 GMM 型工具变量。要得到一致无偏的 GMM 统计量,需要满足两个条件:第一,一阶差分后的残差项之间不存在二阶自相关关系;第二,工具变量必须与一阶差分后的残差项无关,满足外生性条件。本章使用检验残差项是否存在二阶自相关的 Arellano-Bond 值,以及检验工具变量有效性的 Difference-in-Hansen 值[①]来验证这两个假设。本章使用的数据与第 5 章使用的数据相同。主要解释变量的描述统计数据见表 6.2。

表 6.2 主要解释变量描述统计

变量名称	均值	标准差	最小值	最大值
Fare (RMB)	816.30	279.77	185.32	2 553.15
MMC	59.89	43.70	0	553
RMMC (1E3)	5.38	3.83	0	31.34
Distance (km)	1 202.71	527.60	254	3 278
POP (万人)	870.31	417.66	93.11	2 417.08

---

① 由于 Sargan 检验只有在干扰项为同方差的情况下才有效 (Baum et al., 2003)。而对模型使用佩根和霍尔 (Pagan and Hall, 1983) 的方法进行异方差检验后,发现模型干扰项显著存在异方差。根据鲍姆等 (Baum et al., 2003) 的研究,此时 Hansen 检验比 Sargan 检验更为有效。

续表

变量名称	均值	标准差	最小值	最大值
gdp_Per（RMB）	26 768.97	14 520.88	2 930.78	133 617.7
RouteHHI	5 079.35	2 022.05	2 057.36	10 000
AirportHHI	5 650.40	1 957.27	2 430.24	10 000

6.5 计量结果与分析

表6.3报告了模型（6.7）中使用计数型 MMC 作为自变量的回归结果。（1）列是随机效应回归的结果，（2）列是固定效应回归的结果，（3）列是一阶段差分 GMM 的结果，（4）列是两阶段差分 GMM 的结果。（3）列和（4）列下方汇报了检验工具变量有效性的 Difference-in-Hansen 和检验残差二阶自相关性的 Arellano-Bond 的值。（2）、（3）、（4）列使用了航空公司-航线双向个体固定效应，四列结果中均控制了时间固定效应。从这四列结果中可以看到，MMC 在10%置信区间上均为负显著。该结果表明，"相互容忍"假说在中国民航市场并不成立。该结论与张和罗迪（Zhang and Round，2011）的结论一致，他们也否定了中国民航市场上多市场接触引发串谋的可能性。但这与美国民航市场中得出的结论相悖（Evans and Kessides，1994；Zou et al.，2011；Ciliberto and Williams，2014）。

表6.3 简单计数型 MMC 回归

变量	(1) 随机效应 回归	(2) 固定效应 回归	(3) 一阶段差分 GMM	(4) 两阶段差分 GMM
MMC	-0.000 2** (0.000 1)	-0.000 2* (0.000 1)	-0.000 7*** (0.000 2)	-0.000 7*** (0.000 2)
lnPOP	0.006 6 (0.020 5)	0.188 5** (0.076 3)	0.266 5*** (0.079 1)	0.296 7** (0.121 4)
lngdp_per	0.015 7 (0.020 4)	0.003 2 (0.029 5)	0.040 0** (0.019 4)	0.057 0** (0.025 2)

续表

变量	(1) 随机效应回归	(2) 固定效应回归	(3) 一阶段差分GMM	(4) 两阶段差分GMM
HSR	0.025 8 ** (0.010 7)	0.026 1 ** (0.010 6)	-0.016 4 *** (0.006 3)	-0.015 9 * (0.009 2)
ln*Distance*	-0.444 7 *** (0.017 7)	—	—	—
LCC	-0.051 5 *** (0.012 1)	-0.035 3 *** (0.012 9)	-0.044 5 *** (0.009 5)	-0.041 8 *** (0.012 4)
ln*RouteHHI*	0.000 3 (0.005 6)	-0.000 4 (0.004 9)	-0.000 8 (0.004 6)	-0.002 0 (0.007 7)
ln*AirportHHI*	-0.005 0 (0.021 4)	-0.018 3 (0.037 5)	-0.057 4 ** (0.024 3)	-0.047 8 (0.034 3)
Hub	0.097 6 *** (0.016 4)	—	—	—
L.ln*Fare*	—	—	0.121 8 *** (0.016 6)	0.110 2 *** (0.020 2)
Constant	2.643 1 *** (0.185 5)	-1.613 0 *** (0.510 9)	—	—
航空公司-航线双重固定效应	否	是	是	是
时间固定效应	是	是	是	是
工具变量内生性的 Difference-in-Hansen 检验				
MMC 的工具变量内生性检验	—	—	0.981	0.981
其他工具变量的内生性检验	—	—	0.044	0.044
Arellano-Bond 检验（AR$_2$）	—	—	0.334	0.573
N	47 079	47 079	44 309	44 309
R^2	0.590	0.338	—	—

注：(1) *、**、*** 分别表示在 10%、5%、1% 水平上显著。
(2) 括号里为聚类标准误或稳健标准误。
(3) MMC 的工具变量：MMC 的第一阶到第四阶滞后项，模型中包含年度、季度时间固定效应。

中国民航市场上得出的结果是可信的吗？如前所述，简单计数型 MMC 将每个市场看作同等重要，这与现实不符。事实上，航空公司会根据航线重要程度的不同而调整其价格策略和进入、退出策略。因此，本章在表 6.3 的基础上，进一步使用两种不同的方法分析多市场接触对票价的效应。第一，基于每一季度航线上的利润值，将航线分为四组：利润位于前 25% 的航线、利润位于 25%~50% 的航线、利润位于 50%~75% 的航线和利润位于 75% 之后的航线，分别用四个二值变量，即 M1、M2、M3、M4 表示。第二，使用航线利润加权的 RMMC 指标代替计数型 MMC 指标重新进行回归。结果分别如表 6.4 和表 6.5 所示。

表 6.4 MMC 在不同市场中的回归结果

变量	(1) 随机效应回归	(2) 固定效应回归	(3) 一阶段差分 GMM	(4) 两阶段差分 GMM
MMC×M1	0.000 7*** (0.000 1)	0.000 6*** (0.000 1)	0.000 1 (0.000 2)	0.000 1 (0.000 2)
MMC×M2	−0.000 1 (0.000 1)	−0.000 1 (0.000 1)	−0.000 5*** (0.000 2)	−0.000 5*** (0.000 2)
MMC×M3	−0.000 6*** (0.000 1)	−0.000 6*** (0.000 1)	−0.001 0*** (0.000 2)	−0.001 0*** (0.000 2)
MMC×M4	−0.001 3*** (0.000 1)	−0.001 2*** (0.000 1)	−0.001 6*** (0.000 2)	−0.001 6*** (0.000 2)
lnPOP	−0.000 2 (0.019 0)	0.140 9* (0.072 6)	0.091 9 (0.074 3)	0.114 5 (0.091 8)
lngdp_per	0.015 3 (0.019 0)	0.002 8 (0.028 3)	−0.003 5 (0.017 0)	0.007 5 (0.019 7)
HSR	0.031 5*** (0.010 5)	0.031 9*** (0.010 5)	−0.002 1 (0.006 2)	−0.003 9 (0.007 8)
lnDistance	−0.457 1*** (0.017 0)	—	—	—

续表

变量	(1) 随机效应回归	(2) 固定效应回归	(3) 一阶段差分GMM	(4) 两阶段差分GMM
LCC	-0.046 5*** (0.011 2)	-0.030 2** (0.012 2)	-0.030 7*** (0.009 4)	-0.027 0** (0.010 7)
$\ln RouteHHI$	-0.002 3 (0.005 5)	0.000 0 (0.004 8)	-0.000 7 (0.004 3)	0.000 0 (0.005 8)
$\ln AirportHHI$	0.020 1 (0.020 8)	0.029 7 (0.037 7)	-0.036 9 (0.024 5)	-0.034 1 (0.029 8)
Hub	0.070 8*** (0.015 5)	—	—	—
$L.\ln Fare$	—	—	0.119 4*** (0.013 9)	0.113 6*** (0.015 2)
$Constant$	2.828 9*** (0.173 8)	-1.270 6*** (0.488 0)	—	—
航空公司-航线双重固定效应	否	是	是	是
时间固定效应	是	是	是	是
工具变量内生性的 Difference-in-Hansen 检验				
MMC 的工具变量内生性检验	—	—	1.000	1.000
其他工具变量的内生性检验	—	—	0.047	0.047
Arellano-Bond 检验（AR_2）	—	—	0.912	0.929
N	47 079	47 079	44 309	44 309
R^2	0.582	0.365	—	—

注：(1) *、**、*** 分别表示在10%、5%、1%水平上显著。
(2) 括号里为聚类标准误或稳健标准误。
(3) MMC 与市场类型交互项的工具变量：其交互项的第一阶至第四阶滞后项。
(4) 模型中包含年度、季度时间固定效应。为节省空间，此处未汇报。

表6.5 概率型 *RMMC* 的回归结果

变量	(1) 随机效应回归	(2) 固定效应回归	(3) 一阶段差分 GMM	(4) 两阶段差分 GMM
RMMC（1E3）	−0.001 3 (0.002 1)	−0.002 4 (0.002 2)	0.003 6** (0.001 7)	0.003 4** (0.001 6)
ln*POP*	0.011 4 (0.020 6)	0.203 9*** (0.076 9)	0.225 4*** (0.074 3)	0.265 5** (0.116 8)
ln*gdp_per*	0.019 2 (0.020 5)	0.007 3 (0.029 9)	−0.015 3 (0.017 2)	0.005 6 (0.022 9)
HSR	0.025 1** (0.010 9)	0.025 5** (0.010 7)	−0.002 2 (0.006 3)	−0.003 8 (0.009 5)
ln*Distance*	−0.447 2*** (0.017 8)	—	—	—
LCC	−0.050 0*** (0.011 9)	−0.033 8*** (0.013 0)	−0.035 8*** (0.008 8)	−0.034 4** (0.013 5)
ln*RouteHHI*	0.002 2 (0.005 6)	−0.000 2 (0.004 9)	−0.002 2 (0.004 5)	−0.001 8 (0.008 0)
ln*AirportHHI*	−0.012 5 (0.022 4)	−0.042 6 (0.036 3)	−0.112 0*** (0.021 5)	−0.105 2*** (0.032 8)
Hub	0.091 9*** (0.016 8)	—	—	—
L.ln*Fare*	—	—	0.133 0*** (0.017 1)	0.125 1*** (0.020 4)
Constant	2.604 3*** (0.188 5)	−1.731 9*** (0.516 4)	—	—
航空公司-航线双重固定效应	No	Yes	Yes	Yes
时间固定效应	Yes	Yes	Yes	Yes
工具变量内生性的 Difference-in-Hansen 检验				
MMC 的工具变量内生性检验	—	—	0.349	0.349

续表

变量	(1) 随机效应 回归	(2) 固定效应 回归	(3) 一阶段差分 GMM	(4) 两阶段差分 GMM
其他工具变量的内生性检验	—	—	0.121	0.121
Arellano-Bond 检验（AR$_2$）	—	—	0.280	0.405
N	47 079	47 079	44 309	44 309
R^2	0.582	0.337	—	—

注：(1) *、**、***分别表示在10%、5%、1%水平上显著。
(2) 括号里为聚类标准误或稳健标准误。
(3) RMMC 的工具变量：RMMC 的第一阶至第三阶滞后项。
(4) 模型中包含年度、季度时间固定效应。为节省空间，此处未汇报。

表 6.4 的结果显示，对于利润前 25% 的航线来说（M1），MMC 的系数在随机效应回归和固定效应回归中为正显著，这表明在这些市场中航空公司间存在串谋行为[①]。对于利润处于 25%~50% 的航线来说（M2），MMC 的系数不显著；而对于利润处于 50% 以后的航线来说（M3，M4），MMC 的系数变为负显著，这与表 6.3 及张和罗迪（Zhang and Round, 2011）中的结果一致。这说明，航空公司倾向在客运量较大（利润较高）的市场上串谋，在客运量较小（利润较少）的市场上未发现显著的串谋行为。与该结果相似，王等（Wang et al., 2018）也发现了中国航空公司倾向在客运量大的航线上串谋，而在其他航线上则竞争更加激烈。王等（Wang et al., 2018）认为，市场进入管制和机位管制造成了大客运量航线上竞争的不足，从而导致航空公司的串谋行为。在中国民航市场上，新成立的航空公司需要经营多年才能获得进入大客运量热门航线的权限。例如，大本营为上海的春秋航空成立六年后才获得了北京—上海航线的夜间运营权限。这并不是中国民航市场特有的现象，美国民航市场也有相似的现象，即盈利较多的航线上航空公司的数量是基本固定的，且进入壁垒较高。与之相反，在盈利较少的航线上，一般则存在更多新成立的规模较小的航空公司。由于规模小的航空公

[①] MMC×M1 在差分 GMM 中不显著，但差分 GMM 的估计未能通过 Difference-in-Hansen 检验。因此，此处随机效应和固定效应的结果更加可靠。

司的首要目标是提高市场占有率，因此在这些航线上往往有更激烈的价格竞争行为。

表6.5报告了使用航线利润加权的概率型 RMMC 作自变量的回归结果。它的系数在随机效应回归和固定效应回归中是不显著的，但在差分GMM中为正显著。差分GMM估计通过了Difference-in-Hansen检验和Arellano-Bond检验，因此相较OLS的估计更加可信。这再一次印证了，在利润高（客运量大）的航线上，航空公司倾向结成串谋，即在利润高（客运量大）的航线上，"相互容忍"假说成立，这与表6.4的结果一致。

表6.5中其他解释变量的结果基本符合预期。例如，变量 lnPOP 在（2）、（3）、（4）列回归中为正显著，意味着随着航线端点城市人口的增长，航空票价也在增长。变量 lnDistance 的系数在随机效应回归中为负显著，这意味着随着距离的增加，单位距离的成本下降、票价降低，这符合规模经济效应。二值变量 Hub 正显著，意味着从北京、上海、广州出发或到达的航线票价高。这是由于民航局对进出北京、上海、广州三地的航线管控严格，限制民营航空公司和低成本航空公司的进入，因此从这三地出发或到达的航线上竞争较少，票价较高。二值变量 LCC 负显著，说明低成本航空公司（春秋航空）的存在对传统航空公司的票价施加了压力。变量 lnAirportHHI 的系数符号在（1）、（2）列回归中不显著，在（3）、（4）列差分GMM回归中为负显著，即随着航空公司在机场上集中度的增加，市场票价降低。这可能意味着某些航空公司已建立起"中枢轮辐式"网络结构，从而使得枢纽机场的航空公司集中度增加，降低了航空公司运营成本，从而进一步降低了民航票价。由于航线利润加权的 RMMC 的计算考虑了不同航线的重要程度，因此比计数型 MMC 更加合理。下文将使用 RMMC 指标代替 MMC 指标进行分析。

表6.5的结果中唯一不符合预期的变量是 HSR。作为民航的替代交通方式，HSR 的系数应为负显著。与第5章相似，本章在模型（6.7）中加入表示2014年之后的时间二值变量 T' 及它与高铁的交互项——HSR2014，结果如表6.6所示。

表 6.6　考虑高铁 2014 年效应的概率型 *RMMC* 回归

变量	(1) 随机效应回归	(2) 固定效应回归	(3) 一阶段差分 GMM	(4) 两阶段差分 GMM
RMMC（1E3）	−0.001 5 (0.002 1)	−0.002 7 (0.002 3)	0.003 7 ** (0.001 7)	0.003 6 * (0.002 1)
ln*POP*	0.013 0 (0.020 8)	0.213 4 *** (0.077 5)	0.221 0 *** (0.074 4)	0.259 2 ** (0.117 1)
ln*gdp_per*	0.019 9 (0.020 6)	0.008 1 (0.029 9)	−0.011 2 (0.016 9)	0.010 9 (0.022 6)
HSR	−0.057 0 *** (0.011 0)	−0.058 5 *** (0.010 9)	−0.036 5 *** (0.007 6)	−0.036 3 *** (0.012 0)
HSR2014	0.099 0 *** (0.014 8)	0.101 4 *** (0.014 7)	0.050 8 *** (0.008 4)	0.046 7 *** (0.012 9)
ln*Distance*	−0.447 3 *** (0.017 9)	—	—	—
LCC	−0.047 0 *** (0.011 9)	−0.030 4 ** (0.012 9)	−0.036 6 *** (0.008 8)	−0.034 5 ** (0.013 4)
ln*RouteHHI*	0.002 5 (0.005 6)	0.000 0 (0.004 9)	−0.002 3 (0.004 5)	−0.002 4 (0.007 9)
ln*AirportHHI*	−0.013 2 (0.022 4)	−0.042 4 (0.036 3)	−0.111 4 *** (0.021 5)	−0.105 3 *** (0.032 6)
Hub	0.092 0 *** (0.016 9)	—	—	—
L.ln*Fare*	—	—	0.127 4 *** (0.017 2)	0.118 2 *** (0.020 4)
Constant	2.592 3 *** (0.188 8)	−1.796 0 *** (0.520 1)	—	—
航空公司-航空双重固定效应	No	Yes	Yes	Yes
时间固定效应	Yes	Yes	Yes	Yes

续表

变量	（1）随机效应回归	（2）固定效应回归	（3）一阶段差分GMM	（4）两阶段差分GMM
工具变量内生性的 Difference-in-Hansen 检验			
MMC 的工具变量内生性检验	—	—	0.453	0.453
其他工具变量的内生性检验	—	—	0.103	0.103
Arellano-Bond 检验（AR_2）	—	—	0.341	0.518
N	47 079	47 079	44 309	44 309
R^2	0.582	0.342	—	—

注：（1）*、**、*** 分别表示在 10%、5%、1%水平上显著。
（2）括号里为聚类标准误或稳健标准误。
（3）RMMC 的工具变量：RMMC 的第一阶至第三阶滞后项。
（4）模型中包含年度、季度时间固定效应。为节省空间，此处未汇报。

表 6.6 中，关键解释变量 RMMC 的符号和大小与表 6.5 中基本一致，其他解释变量的结果也变化不大，这说明表 6.5 中的计量结果是稳健的。变量 HSR 的系数在四列结果中均变为负显著，而交互项 HSR2014 的系数则为正显著。F 检验结果证实变量 HSR 与交互项 HSR2014 的系数的和在 1% 置信区间上正显著。这意味着 2014 年之前，高铁的开通使民航票价显著降低，而 2014 年之后，高铁的开通对民航票价有正向作用。这与本书在第 5 章中得出的结论一致。

6.6 结论及讨论

本章首先介绍了两种度量航空公司间多市场接触的经典指标，并将其应用在中国民航市场上。之后使用图表描述了东上并购和国深并购发生后，多市场接触的变化，并实证分析了多市场接触与价格串谋的关系。本章的主要结论如下：第一，东上并购和国深并购发生后，中国民航市场的多市场接触显著上升，竞争减弱。第二，当使用简单计数型 MMC 指标时，多市场接触与价格之间是负相关关系，未发现支持"相互容忍"假说的实证证据。但是，当将航线按照利润排序后，实证结果发现利润排名前 25% 的航线上显著存在价格串谋行为；利润排名在25%~50%的航线上串谋行为不显著；在利润排名更靠后的航线上，多市场接触对航空票价的效应变成了负显著。该结论被进一步使用航线利润加权的 *RMMC* 指标的回归结果验证。即航空公司倾向于在利润高（客运量大）的市场上串谋，而在利润低（客运量小）的市场上，价格的竞争则更加激烈。

  总的来说，在中国民航市场中，"相互容忍"假说在高利润的航线上存在。在放松管制后的民航市场中，航空公司可以较容易进入和退出市场，来自新航空公司的竞争可以抑制由多市场接触增加而导致的反竞争性行为和价格串谋行为。近十年来，中国民航市场在一定程度上放松了对民航市场的管制，然而，民航业的进入壁垒依然很高，使得民航并购产生的多市场接触的增加进一步在高客运量的航线上引发了价格串谋行为。由于价格串谋行为会损害消费者福利和健康的市场结构，航空公司并购后引起的多市场接触的增加需要引起相关决策机构的重视。相关反垄断部门在审批包含客运量较高的热门航线的航空并购与航空联盟时，需要特别注意多市场接触的变化，以及其可能引发的价格串谋行为。

7 中国民航并购的消费者福利效应

在第 5 章和第 6 章中,本书发现东上并购和国深并购显著引起了国内相关民航市场的票价上升。本章继续对比分析两大并购对民航消费者福利的影响。本章采用基于效用理论的离散选择嵌套 Logit 模型和经典消费者福利模型,将两大并购前后民航消费者福利的变化进行量化。

7.1 引言

并购从两个方面影响民航消费者的福利。一方面,当并购造成的航空公司的市场势力上升幅度大于航空公司效率的上升幅度时,市场价格升高。若此时市场中缺乏充足的有效竞争,则并购航空公司将形成垄断势力。形成垄断势力的企业往往缺乏改革经营模式和提高服务质量的动力,从而导致产品质量和服务质量下降(Kim and Marion, 1997; Sakakibara and Porter, 2001; Hollis, 2003)。更高的市场价格和更差的产品质量导致民航消费者福利下降。另一方面,当并购造成的航空公司的效率的提升幅度大于航空公司的市场势力上升幅度时,市场价格下降或维持不变。尤其是当并购后航空公司建成"中枢轮辐式"网络结构后,运营成本显著下降,航班频率显著上升,从而使得产品质量和服务质量上升,消费者忠诚度上升(Oum et al., 1993)。更低的市场价格和更好的产品质量导致民航消费者福利上升。因此,衡量并购对民航消费者福利的影响需要比较航空公司市场势力的变化和效率的变化。内沃(Nevo, 2000)指出,一个完整的并购消费者福利分析需要包括供给侧的分析和需求侧的分析。供给侧包括产品价格、运营成本、利润等因素,需求侧包括消费者效应、企业产品质量、消费者忠诚度等因素。如前面章节所述,既有文献中对民航并购的分析,大多数仅关注某些特定因素如票价(Borenstein, 1990; Kim and Singal, 1993; Morrison, 1996; Veldhuis, 2005; Peters, 2006;

Zhang and Round，2009）、航班频率等（Steven et al.，2016；Carlton et al.，2017）。较少文献同时关注影响消费者福利的供给侧和需求侧的因素。伊斯立等（Israel et al.，2013）、土井和大桥（Doi and Ohashi，2019）是两个例外，他们同时考虑了供给侧和需求侧影响消费者福利的因素，计算了在单一并购背景下消费者福利的变化。他们的研究方法能够将并购对票价、航班频率、旅行时间和其他属性的影响效应汇总到一个矩阵中，从而能够更全面地分析并购对民航消费者的效应。中国在这方面的定量研究非常匮乏。胡瑞娟（2009）首次使用反需求函数估计了中国民航市场竞争对消费者福利的影响，但只考虑了供给侧因素，未考虑需求侧因素，并且使用的反需求函数的形式过于简单。本章在胡瑞娟（2009）的基础上，参考土井和大桥（Doi and Ohashi，2019），首先使用消费者效用函数推导出民航经济舱乘客和商务舱乘客的需求模型（Berry，Levinsohn，and Pakes，1995）。之后，使用麦克法登（McFadden，1978）提出的消费者福利模型计算出航线层面的消费者效用。最后，使用双重差分模型，得出两大并购前后民航消费者福利的变化。在消费者效用模型中，为控制高铁对民航消费者效用的影响，本章使用三个控制变量（是否有高铁进入的二值变量、高铁的运行速度、高铁站点的个数）分别做模型分析。为区分高铁在不同航线距离上与民航竞争效应的不同，本章进一步将样本分成了短距离航线（小于 500 千米）、中距离航线（500~1 000 千米）和长距离航线（大于 1 000 千米）三个子样本进行分析。另外，由既有文献结论可知（Berry and Jia，2010），民航经济舱消费者的效用函数与商务舱消费者的效用函数很不同。因此，本章估计消费者效用函数时，对经济舱样本和商务舱样本分别估计，以对比两大并购对民航经济舱消费者效用和商务舱消费者效用造成的不同影响。

本章结构安排如下。第 2 小节介绍及推导消费者效用模型，第 3 小节介绍消费者福利模型，第 4 小节介绍数据及变量，第 5 小节展示计量结果并做出分析和解释，第 6 小节总结归纳本章。

7.2 消费者效用模型

计算并购对消费者福利的影响，需要先求出消费者效用函数的形式。在给出具体模型前，这里首先解释本章涉及的关键概念。"市场"指由出发地、目的地组成的有方向的航线。"行程"指连接出发地和目的地的飞行线路，它包括直飞行程和转机行程。本章只考虑直飞行程和中转一次的行程。删除中转一次以上行程样本的原因有两个：第一，在中国民航市场上，需要中转两次或以上才能到达目的地的很少；第二，本章在处理模型内生性问题时需要使用飞机的航班频率数据，而国际航空运输协会数据库（IATA）只提供直飞行程和中转一次行程的航班频率数据。"产品"指的是航空公司-行程的组合。例如"国航-北京-上海"与"东航-北京-上海"是不同的"产品"。对于同一航空公司由同一出发地出发，到达同一目的地，但中转地不同的行程，本章也认为是同一航空公司不同的"产品"。"市场"和"行程"的概念与航空公司无关，是航线层面上的定义，但"产品"是航空公司-航线层面上的定义。

基于以上定义，根据贝瑞（Berry，1994），陈和盖尔（Chen and Gayle，2019），以及土井和大桥（Doi and Ohashi，2019）的研究，消费者 i 在市场 m 中于 t 时购买产品 j 产生的效用如下：

$$U_{ijmt} = \alpha P_{jmt} + \beta X_{jmt} + \nu_{imt}(\lambda) + \xi_{jmt} + \lambda \varepsilon_{ijmt} \tag{7.1}$$

式中：P_{jmt} 是产品价格。

X_{jmt} 是产品特性，如航班频率、是否直飞等。

α 是衡量价格升高导致的消费者边际效用降低的系数。

β 是衡量消费者对产品特性的喜好程度的系数。

ξ_{jmt} 是研究者无法观测的产品特性，如飞机票购买日期等。

ν_{imt} 是一个随机嵌套 Logit 喜好函数，它对于不同的飞行产品是一个常数，但对于飞行产品和其他交通方式产品是有区别的。

λ 是一个嵌套 Logit 参数，位于 0 和 1 之间。它距离 1 越近，飞机提供的产品对于消费者来说越重要，并且同一个嵌套中的不同产品间可替代性很高。它越接近 0，飞机提供的产品与其他交通方式提供的产品对消费者来说效用越相似，即嵌套 Logit 变成一个简单的 Logit 模型。

ε_{ijmt} 是满足独立同分布假设的误差项，具有嵌套 Logit 的结构。

根据效用函数的形式，在消费者选择飞机出行的前提下，于时间 t 在民航市场 m 中选择飞行产品 j 的消费者比例是：

$$e^{\frac{X_{jmt}\beta - P_{jmt}\alpha + \xi_{jmt}}{\lambda}} / D_{mt} \tag{7.2}$$

式中，
$$D_{mt} = \sum_{k=1}^{J} e^{(X_{jmt}\beta - P_{jmt}\alpha + \xi_{jmt})/\lambda} \quad (7.3)$$

选择飞机作为出行工具的消费者比例为：

$$s_{mt}(x_{mt}, p_{mt}, \xi_{mt}, \theta_d) = D_{mt}^{\lambda}/(1 + D_{mt}^{\lambda}) \quad (7.4)$$

因此，飞行产品 j 在民航市场 m 中所占的总市场份额为：

$$s_{jmt}(x_{mt}, p_{mt}, \xi_{mt}, \theta_d) = [e^{\frac{X_{jmt}\beta - P_{jmt}\alpha + \xi_{jmt}}{\lambda}}/D_{mt}] \times [D_{mt}^{\lambda}/(1 + D_{mt}^{\lambda})] \quad (7.5)$$

通过对误差项 ε_{ijmt} 的假定，选择其他交通方式作为出行工具的消费者比例为：

$$s_{0mt} = \frac{1}{1 + D_{mt}^{\lambda}} \quad (7.6)$$

由式（7.4）和式（7.5）可以推出

$$\ln\left(\frac{S_{mt}}{S_{0mt}}\right) = \lambda \ln D_{mt} \quad (7.7)$$

由式（7.4）和式（7.6）可以推出：

$$\ln\left(\frac{S_{jmt}}{S_{0mt}}\right) = \frac{x_{jmt}\beta - \alpha p_{jmt} + \xi_{jmt}}{\lambda} + (\lambda - 1)\ln D_{mt} \quad (7.8)$$

由式（7.7）和式（7.8）推出：

$$\ln\left(\frac{S_{jmt}}{S_{0mt}}\right) = \frac{X_{jmt}\beta - \alpha P_{jmt}}{\lambda} + \left(\frac{\lambda - 1}{\lambda}\right)\ln\left(\frac{S_{mt}}{S_{0mt}}\right) + \frac{\xi_{jmt}}{\lambda} \quad (7.9)$$

$$\ln S_{jmt} - \ln S_{0mt} = X_{jmt}\beta - \alpha P_{jmt} + (\lambda - 1)\ln\left(\frac{S_{mt}}{S_{0mt}}\right) + \xi_{jmt} \quad (7.10)$$

式（7.10）即由消费者效用理论推出的简约型需求模型。本章将使用两阶段最小二乘法估计该模型的系数，之后将系数代入到效用函数中，以进行下一步的消费者福利计算。

7.3 消费者福利模型

衡量消费者福利变化的常用指标有以下几种：消费者剩余变化法（ΔCS），补偿变化法（CV）和等效变化法（EV）。补偿变化法和等效变化法是希克斯（Hicks，1939）提出的精确计算消费者福利变化的方法。而消费者剩余变化法求得的是消费者福利变化的近似值。在不存在收入效应或准线性效用函数的情况下，如本章分析的情况中，三种福利方法求得的结果是等价的，即 $\Delta CS = CV = EV$（Vaze et al.，2017）。根据麦克法登（McFadden，1978）、斯莫尔和罗森（Small and Rosen，1981）的模型，某特定市场 j 中消费者剩余（消费者福利）的期望值可以写作：

$$E(CS_m) = E\left[\frac{1}{\alpha^m}\max_{j \in J^m} U_{ijmt}\right] = E\left[\frac{1}{|\alpha|}\max_{j \in J^m} U_{ijmt}\right] \quad (7.11)$$

式（7.11）中，CS_m 是某民航消费者在民航市场 m 中产生的消费者剩余（消费者福利），α^m 是消费者收入在民航市场 m 中的边际效用，它的值是模型（7.1）中系数 P_{jmt} 的绝对值。U_{ijmt} 是航空公司 i 的产品 j 在市场 m 中于时间 t 时给消费者带来的效用，J^m 是市场 m 中的所有可选飞行产品的集合。根据斯莫尔和罗森（Small and Rosen，1981）的研究，如果消费者效用函数（7.1）中所有的误差项 ε_{ijm} 满足独立同分布假设和 I 型极值分布条件，则上式可以转化为：

$$E(CS_m) = \frac{1}{|\alpha|}\ln\left[\sum_{j \in J^m}\exp(U_{ijtm})\right] + C \quad (7.12)$$

这里，C 是未知的常数，它意味着消费者剩余（消费者福利）的绝对值无法被直接计算。但是，当关注的重点是不同时期消费者剩余（消费者福利）的变化时，将前后两期的消费者剩余（消费者福利）作差，常数项 C 可以被删掉，从而计算出不同时期的消费者剩余（消费者福利）的变化。如下式所示：

$$\Delta E(CS_m) = \frac{1}{|\alpha|}\left[\ln\sum_{j \in J^{m,\,period1}}\exp(V_j^{m,\,period1}) - \ln\sum_{j \in J^{m,\,period2}}\exp(V_j^{m,\,period2})\right]$$

$$(7.13)$$

式（7.13）将被用于计算并购发生前后消费者剩余（消费者福利）的变化。

7.4 数据及变量

本章的数据来源与其他章节一致，数据跨度仍为 2007 年第二季度到 2016 年第四季度。但与其他章节所选数据相比，本章涵盖的数据范围更广。第一，除直飞航班之外，本章加入了中转一次的航班的票价、客运量数据，这是为了区分直飞航班和中转航班带给消费者的效用。第二，为衡量航空公司的服务质量，加入了直飞航班及中转一次的航班的频率数据和飞机大小数据。第三，为对比并购前后民航经济舱乘客和民航商务舱乘客的福利变化，除经济舱的票价、客运量、航班频率数据外，加入了商务舱的相关数据。删除飞机票价小于25美元和季度航班频率小于12次的极端值后，最终，经济舱的样本观测值中包含558个民航市场和3 226个飞行产品，商务舱的样本观测值中包含558个民航市场和2 896个飞行产品。

根据贝瑞和加（Berry and Jia，2010）及王等（Wang et al.，2018）的研究，模型（7.1）中的控制变量矢量矩阵 X_{jmt} 包含的变量有：

$AirFare_{ijt}$：航空公司 i 在航线 j 上于时间 t 时的平均季度票价。

$Flight_{ijt}$：航空公司 i 在航线 j 上于时间 t 时的季度航班频率。

$AverageSize_{ijt}$：航空公司 i 在航线 j 上于时间 t 时的平均季度座位数。

$Connection_{jt}$：二值变量。如果航线 j 包含中转行程，取值为1；否则，取值为0。

$Distance_j$：航班飞行距离。中转航班飞行距离是出发地—中转地—目的地间飞行距离的和。

HSR_{jt}：航线 j 在时间 t 时是否有高铁运营。如果航线上有高铁在运营，该二值变量为1；反之为0。

$HSRSpeed_{jt}$：高铁在航线 j 上于时间 t 时的运营速度。

$HSRStation_{jt}$：时间 t 时于航线 j 的端点城市处高铁站点的平均数。

$Airline_i$：航空公司二值变量。代表样本中的十一家航空公司。

相关变量的描述统计值如表7.1和表7.2所示。

表7.1　经济舱的描述统计数据

变量	均值	标准差	最小值	最大值
$AirFare$（RMB）	796.08	284.31	182.2	2 590.8
$Flights$（Quarterly）	191.24	187.78	13	2 218
$AuerageSize$（Quarterly）	31 262.08	37 217.01	100	613 329
$Distance$（km）	1 146.17	514.48	254	3 278
$HSRSpeed$（km/hour）	44.55	114.05	0	350
$HSRStation$	0.32	0.85	0	3.5

表 7.2 商务舱的描述统计数据

变量	均值	标准差	最小值	最大值
$AirFare$（RMB）	1 541.9	848.57	182.2	7 942.2
$Flight$（Quarterly）	195.87	190.23	13	2 218
$AverageSize$（Quarterly）	32 142.67	37 849.78	100	613 329
$Distance$（km）	1 136.08	507.18	254	3 278
$HSRSpeed$（km/hour）	44.65	114.09	0	350
$HSRStation$	0.32	0.85	0	3.5

7.5 计量结果与分析

7.5.1 需求模型的计量结果

在进行回归分析前，先处理模型（7.1）的内生性问题。在模型（7.1）中，由于民航票价和航班频率都由航空公司决定，因此二者很可能与观测不到的产品特性 ξ 相关，导致模型的内生性问题。本章选取既有文献中的一系列经典工具变量来控制模型内生性：①市场 j 中竞争航空公司提供的飞行产品的个数；②市场 j 中竞争航空公司提供直飞航班的比例；③市场 j 中航空公司的总数；④市场 j 中航空公司是否在其枢纽机场提供服务；⑤25%及75%分位数的民航票价的拟合值[1]；⑥航班频率的拟合值。[2] 其中，民航票价的分位数回归包含以下外生变量：飞行距离，航线端点城市是否为旅游城市，航线端点城市人口的算术平均值，在航线上运营的航空公司数量，航空公司在航线端点城市的市场份额，航空公司二值变量，年度、季度二值变量。航班频率回归中包含的外生变量有：飞行距离、航线端点城市是否为旅游城市、航线端点城市人口的算术平均值和人均 GDP 的算术平均值、航线是否起自或终于航空公司的枢纽机场。

---

[1] 拟合值指以民航票价为因变量，以一系列外生变量为自变量，回归后得到的民航票价的拟合值。
[2] 关于工具变量的选择详见贝瑞和加（Berry and Jia, 2010），以及罗（Luo, 2015）。

得到上述工具变量后,对模型(7.1)进行两阶段最小二乘回归。首先对工具变量进行有效性检验。结果显示,两阶段最小二乘第一阶段的 F 值显著大于10,说明选取的工具变量是强工具变量。另外,如表7.3所示,使用选取的工具变量得出的价格弹性和频率弹性落在合理的区间内。因此,笔者认为本章使用上述工具变量可以有效控制模型的内生性问题。

表7.3 IV 有效性检验

	经济舱	商务舱
第一阶段 F 统计量	6 619.42***	4 277.53***
自身价格弹性	-1.02***	-0.34***
自身航班频率弹性	0.46***	0.61***

表7.4和表7.5分别列出了民航经济舱消费者和商务舱消费者需求函数的计量结果。

表7.4 经济舱样本两阶段最小二乘回归结果

控制变量	(1) HSR	(2) HSRSpeed	(3) HSRStation	(4) Distance (0~500)	(5) Distance (500~1 000)	(6) Distance (>1 000)
AirFare	-0.019 9*** (0.000 5)	-0.019 9*** (0.000 5)	-0.020 0*** (0.000 5)	-0.031 4*** (0.002 8)	-0.019 4*** (0.000 7)	-0.018 0*** (0.000 7)
Flight	0.004 8*** (0.000 1)	0.004 8*** (0.000 1)	0.004 8*** (0.000 1)	0.002 3*** (0.000 3)	0.003 4*** (0.000 2)	0.006 2*** (0.000 2)
自身价格弹性	-0.71	-0.71	-0.71	-2.37	-0.95	-0.33
自身航班频率弹性	\$2.89	\$2.89	\$2.89	\$0.75	\$2.05	\$4.13
λ	0.252 0*** (0.006 8)	0.251 9*** (0.006 8)	0.252 0*** (0.006 8)	0.135 5*** (0.017 1)	0.161 8*** (0.010 4)	0.342 4*** (0.009 6)
Distance	0.001 2*** (0.000 0)	0.001 2*** (0.000 0)	0.001 2*** (0.000 0)	-0.000 6 (0.000 5)	0.000 9*** (0.000 1)	0.001 4*** (0.000 1)
HSR	-0.081 5*** (0.007 2)			-0.326 2*** (0.039 7)	-0.109 7*** (0.009 1)	-0.083 1*** (0.010 8)

续表

控制变量	(1) HSR	(2) HSRSpeed	(3) HSRStation	(4) Distance (0~500)	(5) Distance (500~1 000)	(6) Distance (>1 000)
HSRSpeed		-0.000 2*** (0.000 0)				
HSRStation			-0.026 6*** (0.002 9)			
AverageSize	0.003 3*** (0.000 1)	0.003 3*** (0.000 1)	0.003 3*** (0.000 1)	0.003 0*** (0.000 5)	0.002 3*** (0.000 2)	0.004 2*** (0.000 2)
Connection	-1.351 2*** (0.080 2)	-1.350 6*** (0.080 2)	-1.349 6*** (0.080 5)	-0.220 1 (0.333 6)	-0.249 7 (0.164 9)	-2.040 6*** (0.093 7)
3U	-0.246 3*** (0.076 2)	-0.246 3*** (0.076 2)	-0.246 1*** (0.076 4)	0.165 3 (0.161 3)	-0.502 4*** (0.089 1)	-0.135 5 (0.100 4)
9C	-0.564 9*** (0.096 3)	-0.565 9*** (0.096 3)	-0.571 8*** (0.096 7)	-1.020 1** (0.411 8)	-0.308 7*** (0.119 5)	-0.368 7*** (0.119 6)
CA	-0.163 1** (0.068 7)	-0.162 6** (0.068 7)	-0.163 0** (0.068 9)	-0.128 9 (0.147 9)	-0.111 9 (0.078 5)	-0.238 3*** (0.091 8)
CZ	-0.160 9** (0.063 8)	-0.160 6** (0.063 8)	-0.160 4** (0.064 0)	-0.097 9 (0.140 0)	-0.151 9** (0.073 3)	-0.209 7** (0.085 2)
FM	0.077 9 (0.085 1)	0.078 1 (0.085 1)	0.078 0 (0.085 4)	0.107 0 (0.186 6)	0.196 1** (0.095 8)	0.002 9 (0.114 6)
HO	0.075 8 (0.099 1)	0.075 8 (0.099 1)	0.074 7 (0.099 5)	-0.709 8** (0.304 7)	0.139 1 (0.108 1)	0.192 3 (0.131 4)
HU	0.044 7 (0.067 2)	0.044 6 (0.067 2)	0.044 0 (0.067 4)	-0.113 2 (0.149 0)	-0.031 1 (0.076 2)	0.143 1 (0.089 4)
MF	-0.118 7 (0.077 2)	-0.118 6 (0.077 2)	-0.119 6 (0.077 4)	-0.403 3** (0.175 4)	-0.365 1*** (0.082 0)	0.201 5* (0.107 9)
MU	-0.267 5*** (0.064 4)	-0.267 3*** (0.064 4)	-0.267 4*** (0.064 6)	-0.134 3 (0.147 9)	-0.211 9*** (0.074 2)	-0.233 1*** (0.085 6)

续表

控制变量	(1) HSR	(2) HSRSpeed	(3) HSRStation	(4) Distance (0~500)	(5) Distance (500~1 000)	(6) Distance (>1 000)
SC	-0.187 9** (0.081 3)	-0.187 6** (0.081 3)	-0.188 1** (0.081 6)	-0.504 4*** (0.171 7)	-0.178 4** (0.087 0)	-0.068 3 (0.113 8)
ZH Constant	-6.032 0*** (0.072 5)	-6.031 5*** (0.072 5)	-6.028 9*** (0.072 8)	-3.127 7*** (0.332 8)	-5.506 4*** (0.127 7)	-7.047 3*** (0.110 6)
N	76 664	76 664	76 664	6 049	26 512	44 103

注：(1) *、**、***分别表示在10%、5%、1%水平上显著。
(2) 括号里为聚类标准误或稳健标准误。
(3) 模型中包含年度、季度时间固定效应。为节省空间，此处未汇报。

表7.4中的(1)列结果是在模型(7.10)中将高铁进入的二值变量作为控制变量进行模型估计后的结果，(2)和(3)列中分别把高铁二值变量换成高铁的速度、高铁站点的个数作为控制变量重新对模型(7.10)进行估计。(4)、(5)、(6)列根据飞行距离把样本分为三个子样本，分别是小于500千米的航线样本，500~1 000千米的航线样本，以及1 000千米以上的航线样本。从表中可以看到，票价对民航经济舱消费者效用（需求）的影响是负向显著的，并且随着航线距离的增长，这种负向作用逐渐减弱。相反，航班频率对民航经济舱消费者效用（需求）的影响是正向显著的，并且随着航线距离的增加，这种正向作用逐渐增强。在此基础上，进一步计算经济舱消费者的价格弹性，以及每周多增加一班飞机时，经济舱消费者愿意多付出的金额。结果发现，随着航线距离的增加，民航经济舱消费者价格弹性的绝对值从2.37降低至0.33，这说明航线距离越长，经济舱消费者对民航票价越不敏感。同时，随着航线距离的增加，每周每增加一班飞机，经济舱消费者愿意付出的金额从0.75美元上升至4.13美元。变量Distance的系数和符号表明，距离越长，可替代飞机出行的交通工具越少，因此民航经济舱消费者的需求越多。随着航线距离的增加，λ的值越来越接近1，说明随着航线距离的增加，与其他交通方式相比，飞机对消费者的重要性变大。变量AverageSize和Connection的符号和系数表明，更大的飞机和直飞航班能够显著增加经济舱消费者的效用（需求）。变量HSR、HSRSpeed、HSRStation的符号和系数说

7 中国民航并购的消费者福利效应

明,在有高铁进入的航线上,民航经济舱消费者的效用(需求)显著比没有高铁进入的航线低,并且这种负向影响在 500 千米以下的样本中最为显著。

表 7.5 商务舱样本两阶段最小二乘回归结果

控制变量	(1) HSR	(2) HSRSpeed	(3) HSRStation	(4) Distance (0~500)	(5) Distance (500~1 000)	(6) Distance (>1 000)
AirFare	-0.003 6*** (0.000 1)	-0.003 6*** (0.000 1)	-0.003 6*** (0.000 1)	-0.004 2*** (0.000 3)	-0.003 3*** (0.000 1)	-0.003 6*** (0.000 1)
Flight	0.008 0*** (0.000 1)	0.008 0*** (0.000 1)	0.008 0*** (0.000 1)	0.006 8*** (0.000 5)	0.007 4*** (0.000 2)	0.008 1*** (0.000 2)
自身价格弹性	-0.20	-0.20	-0.20	-0.90	-0.34	-0.09
自身航班频率弹性	$7.75	$7.75	$7.75	$3.91	$6.17	$9.49
λ	0.389 9*** (0.004 2)	0.389 9*** (0.004 2)	0.389 4*** (0.004 2)	0.421 8*** (0.019 1)	0.317 5*** (0.006 3)	0.423 2*** (0.005 6)
Distance	0.000 5*** (0.000 0)	0.000 5*** (0.000 0)	0.000 5*** (0.000 0)	0.000 4 (0.000 5)	0.000 4*** (0.000 1)	0.000 9*** (0.000 1)
HSR	-0.081 3*** (0.009 5)			-0.173 7*** (0.048 4)	-0.001 3 (0.013 2)	-0.156 0*** (0.013 6)
HSRSpeed		-0.000 3*** (0.000 0)				
HSRStation			-0.022 0*** (0.003 9)			
AverageSize	0.005 8*** (0.000 2)	0.005 8*** (0.000 2)	0.005 7*** (0.000 2)	0.011 4*** (0.000 8)	0.006 4*** (0.000 3)	0.005 0*** (0.000 2)
Connection	-1.926 4*** (0.150 0)	-1.927 8*** (0.149 7)	-1.923 6*** (0.151 2)	—	-0.873 5** (0.425 0)	-2.155 9*** (0.175 8)
3U	-0.244 0*** (0.061 4)	-0.244 2*** (0.061 1)	-0.242 6*** (0.062 1)	0.274 6* (0.157 9)	-0.471 6*** (0.082 0)	-0.188 5** (0.093 8)

117

续表

控制变量	(1) HSR	(2) HSRSpeed	(3) HSRStation	(4) Distance (0~500)	(5) Distance (500~1 000)	(6) Distance (>1 000)
CA	-0.516 2*** (0.055 8)	-0.516 2*** (0.055 6)	-0.512 0*** (0.056 5)	-0.659 1*** (0.148 5)	-0.456 0*** (0.073 0)	-0.481 6*** (0.086 0)
CZ	-0.610 4*** (0.052 6)	-0.610 7*** (0.052 4)	-0.605 0*** (0.053 3)	-1.003 9*** (0.144 5)	-0.791 0*** (0.068 1)	-0.422 7*** (0.082 0)
FM	0.131 7* (0.070 5)	0.131 9* (0.070 3)	0.132 6* (0.071 4)	0.378 9** (0.180 4)	0.070 5 (0.088 3)	0.135 4 (0.112 0)
HO	0.657 7*** (0.079 7)	0.658 3*** (0.079 5)	0.654 0*** (0.080 7)	0.091 1 (0.292 7)	0.556 9*** (0.100 2)	0.810 8*** (0.122 0)
HU	0.275 4*** (0.054 8)	0.275 5*** (0.054 6)	0.274 1*** (0.055 5)	-0.071 6 (0.144 9)	0.102 6 (0.070 7)	0.425 9*** (0.084 9)
MF	-0.385 8*** (0.063 2)	-0.385 9*** (0.062 9)	-0.385 0*** (0.064 0)	-0.417 6** (0.172 6)	-0.765 9*** (0.075 8)	-0.021 4 (0.103 2)
MU	-0.722 3*** (0.053 6)	-0.722 6*** (0.053 5)	-0.716 8*** (0.054 3)	-1.070 0*** (0.169 1)	-0.749 2*** (0.069 7)	-0.581 5*** (0.082 8)
SC	-0.250 3*** (0.066 4)	-0.249 8*** (0.066 1)	-0.251 0*** (0.067 2)	-0.642 8*** (0.168 3)	-0.459 2*** (0.080 2)	-0.055 5 (0.108 8)
ZH Constant	-10.107 8*** (0.057 9)	-10.108 5*** (0.057 7)	-10.103 0*** (0.058 4)	-9.940 6*** (0.266 6)	-9.913 5*** (0.113 7)	-10.732 5*** (0.105 2)
N	72 704	72 704	72 704	5 833	25 459	41 412

注：(1) *、**、*** 分别表示在10%、5%、1%水平上显著。

(2) 括号里为聚类标准误或稳健标准误。

(3) 模型中包含年度、季度时间固定效应。为节省空间，此处未汇报。

商务舱消费者需求函数的估计结果与经济舱消费者的估计结果基本一致。但与表7.4对比可知，票价的系数更小，而航班频率的系数更大。进一步计算商务舱消费者价格弹性和商务舱消费者为每周多增加一班航班愿意多付出的金额可知，民航商务舱消费者的平均价格弹性只有0.2，显著低于民航经济舱消费者的平均价格弹性（0.71）；相反，每周增加一班航班，民航商务舱乘客平均愿意多支付7.75美元，远高于经济舱乘客的支付意愿（2.89美元）。由此可知，民航经济舱消费者在选择飞行产品时更注重票价，而民航商务舱消费者则更注重航班频率。飞行距离和飞机大小与商务舱消费者的效用（需求）正向相关。随着飞行距离的增加，民航商务舱消费者更倾向于选择直飞航班。比较表7.4和表7.5中变量 $Connection$ 的系数可知，直飞航班给商务舱消费者带来的效用增加更多。高铁的进入显著降低了相关航线上民航商务舱消费者的效用（需求）。

表7.5中唯一使人意外的结果是1 000千米以上样本中变量 HSR 的结果。由于民航商务舱消费者对飞机票价的敏感度低，而对时间的敏感度高，按照常理，在长距离航线上，高铁造成的冲击应当有限。但结果显示，在大于1 000千米的航线上，高铁的进入减少了15%（$1-e^{-0.156}$）的民航商务舱消费者需求。由于该结果违反常理，笔者进一步对该结果进行稳健性检验。在模型中加入距离二值变量与 HSR 的交互项重新进行两阶段最小二乘回归，结果如表7.6所示。

表7.6 高铁效应的稳健性检验

变量	（1） HSR_Economy	（2） HSR_Business
$AirFare$	-0.019 9*** (0.000 5)	-0.003 6*** (0.000 1)
$Flight$	0.004 7*** (0.000 1)	0.008 0*** (0.000 1)
λ	0.250 4*** (0.006 9)	0.390 2*** (0.004 3)
$Distance$	0.001 2*** (0.000 0)	0.000 5*** (0.000 0)
$D1 \times HSR$	-0.227 3*** (0.025 1)	-0.055 7 (0.035 2)
$D2 \times HSR$	-0.073 0*** (0.010 3)	0.018 4 (0.013 8)

续表

变量	(1) HSR_Economy	(2) HSR_Business
D3×HSR	−0.072 1*** (0.009 2)	−0.169 2*** (0.013 2)
AverageSize	0.003 3*** (0.000 1)	0.005 8*** (0.000 2)
Connection	−1.341 9*** (0.080 5)	−1.932 4*** (0.149 2)
Constant	−6.022 7*** (0.072 8)	−10.123 6*** (0.057 7)
N	76 664	72 704

注：(1) *、**、***分别表示在10%、5%、1%水平上显著。
(2) 括号里为聚类标准误或稳健标准误。
(3) 模型中包含年度、季度时间固定效应。为节省空间，此处未汇报。

表7.6中，没有按照航线距离划分子样本，而是使用了三个高铁二值变量与距离二值变量的交互项。当航线距离小于500千米时，D1的值为1；当航线距离大于500千米小于1 000千米时，D2的值为1；当航线距离大于1 000千米时，D3的值为1。(1)列是对民航经济舱样本的回归结果，(2)列是对民航商务舱样本的回归结果。表7.6中，经济舱样本的结果非常稳健，但商务舱样本的结果显示，当航线距离大于1 000千米时，高铁仍然对民航商务舱消费者的效用（需求）造成了显著负向影响。笔者认为，该结果可能与2013年后长距离高铁的大规模开通有关，例如连接北京、广州、深圳，以及连接上海、广州、深圳的长距离高铁均在2012年底以后开通，这四大一线城市同时也是商务乘客出行最多的目的地。由于高铁具有运行频率高、准点率高、受天气等外界环境影响小的特点，长距离高铁也成为商务乘客出行的热门选择。为验证这一假设，在模型（7.10）中进一步加入表示2013年第一季度以后的时间二值变量 *Year after* 2013重新进行回归，结果如表7.7所示。

表 7.7 加入时间二值变量后商务舱样本两阶段最小二乘回归结果

控制变量	(1) HSR	(2) HSRSpeed	(3) HSRStation	(4) Distance (0~500)	(5) Distance (500~1 000)	(6) Distance (>1 000)
AirFare	-0.003 2***	-0.003 2***	-0.003 2***	-0.004 0***	-0.003 4***	-0.003 3***
	(0.000 1)	(0.000 1)	(0.000 1)	(0.000 3)	(0.000 1)	(0.000 1)
Flight	0.007 3***	0.007 3***	0.007 3***	0.006 0***	0.006 9***	0.008 0***
	(0.000 1)	(0.000 1)	(0.000 1)	(0.000 4)	(0.000 2)	(0.000 2)
λ	0.377 4***	0.377 4***	0.377 4***	0.409 3***	0.310 1***	0.421 0***
	(0.004 0)	(0.004 0)	(0.004 0)	(0.018 2)	(0.006 2)	(0.005 7)
Distance	0.000 5***	0.000 5***	0.000 5***	0.000 4	0.000 5***	0.000 8***
	(0.000 0)	(0.000 0)	(0.000 0)	(0.000 4)	(0.000 1)	(0.000 0)
HSR	-0.062 3***			-0.196 6***	-0.024 0*	-0.105 5***
	(0.009 9)			(0.050 3)	(0.013 9)	(0.014 1)
HSRSpeed		-0.000 2***				
		(0.000 0)				
HSRStation			-0.013 8***			
			(0.004 0)			
AverageSize	0.005 9***	0.005 9***	0.005 9***	0.011 6***	0.006 4***	0.005 1***
	(0.000 2)	(0.000 2)	(0.000 2)	(0.000 8)	(0.000 3)	(0.000 2)
Connection	-1.986 4***	-1.987 3***	-1.986 4***	0.000 0	-0.882 2**	-2.202 3***
	(0.131 4)	(0.131 2)	(0.131 8)		(0.409 4)	(0.156 2)
Year After 2013	-0.031 7***	-0.030 1***	-0.039 8***	-0.039 4	0.050 2***	-0.087 4***
	(0.007 1)	(0.007 1)	(0.007 0)	(0.033 6)	(0.010 8)	(0.010 0)
3U	-0.257 8***	-0.258 2***	-0.255 5***	0.277 9**	-0.479 4***	-0.190 6**
	(0.050 3)	(0.050 2)	(0.050 6)	(0.137 0)	(0.077 9)	(0.078 8)
CA	-0.483 0***	-0.482 5***	-0.483 2***	-0.585 8***	-0.409 7***	-0.513 2***
	(0.046 1)	(0.046 0)	(0.046 3)	(0.130 4)	(0.069 5)	(0.072 9)
CZ	-0.567 5***	-0.567 2***	-0.566 8***	-0.907 5***	-0.733 9***	-0.450 2***
	(0.043 5)	(0.043 4)	(0.043 7)	(0.127 1)	(0.065 5)	(0.069 5)

续表

控制变量	(1) HSR	(2) HSRSpeed	(3) HSRStation	(4) Distance (0~500)	(5) Distance (500~1 000)	(6) Distance (>1 000)
FM	0.153 8*** (0.058 0)	0.154 1*** (0.057 8)	0.153 7*** (0.058 2)	0.369 6** (0.156 4)	0.097 9 (0.084 0)	0.135 8 (0.094 5)
HO	0.669 9*** (0.065 6)	0.669 9*** (0.065 4)	0.669 4*** (0.065 9)	0.077 0 (0.253 8)	0.539 6*** (0.095 3)	0.840 1*** (0.102 8)
HU	0.275 0*** (0.044 9)	0.275 1*** (0.044 9)	0.274 8*** (0.045 2)	-0.046 4 (0.125 8)	0.094 8 (0.067 1)	0.430 3*** (0.071 5)
MF	-0.389 8*** (0.051 9)	-0.389 7*** (0.051 8)	-0.390 0*** (0.052 1)	-0.384 0** (0.149 3)	-0.735 9*** (0.072 1)	-0.046 9 (0.087 1)
MU	-0.682 1*** (0.044 5)	-0.681 8*** (0.044 4)	-0.681 4*** (0.044 7)	-0.923 3*** (0.151 2)	-0.688 0*** (0.066 6)	-0.610 7*** (0.070 1)
SC	-0.251 3*** (0.054 5)	-0.251 1*** (0.054 4)	-0.250 6*** (0.054 8)	-0.610 7*** (0.146 1)	-0.452 4*** (0.076 1)	-0.040 7 (0.092 0)
ZH Constant	-10.027 8*** (0.049 7)	-10.027 9*** (0.049 7)	-10.028 2*** (0.049 9)	-9.866 2*** (0.237 2)	-9.848 2*** (0.108 7)	-10.702 5*** (0.091 7)
N	72 704	72 704	72 704	5 833	25 459	41 412

注：(1) *、**、***分别表示在10%、5%、1%水平上显著。

(2) 括号里为聚类标准误或稳健标准误。

(3) 模型中包含年度、季度时间固定效应。为节省空间，此处未汇报。

变量 Year after 2013 的系数和符号显示，2013 年第一季度以后，民航商务舱消费者的数量确实显著下降。表 7.8 进一步对该结果进行了稳健性检验。在模型（7.10）中加入变量 Year after 2013 和变量 HSR 的交互项 HSR2013 后，实证结果进一步验证了上述结论。2013 年之前，在航线距离大于 1 000 千米的样本中，高铁对民航商务舱消费者的效用（需求）没有显著影响，但 2013 年之后，高铁对民航商务舱消费者的效用（需求）有显著负向效应。由于没有同时期内高铁的需求数据，这里无法验证这部分民航商务舱消费者是否选择了乘坐高铁。但是，就目前结果看，高铁的进入不但吸引了中短距离航线上的民航乘客，在长距离航线上，高铁也是民航的竞争对手。

表 7.8 长距离航线上商务舱乘客 2013 年后的稳健性检验

变量	2SLS Distance（>1000）	
	系数	（标准差）
AirFare	-0.003 3***	（0.000 1）
Flight	0.008 0***	（0.000 2）
λ	0.420 1***	（0.005 7）
Distance	0.000 8***	（0.000 0）
HSR	0.026 7	（0.050 0）
Year after 2013	-0.082 9***	（0.010 1）
HSR2013	-0.138 9***	（0.050 4）
AverageSize	0.005 1***	（0.000 2）
Connection	-2.199 4***	（0.156 4）
Constant	-10.700 0***	（0.091 8）
N	41 412	41 412

注：（1） *、**、*** 分别表示在 10%、5%、1% 水平上显著。
（2） 括号里为聚类标准误或稳健标准误。模型中包含年度、季度时间固定效应。
（3） 模型中包含年度、季度时间固定效应。为节省空间，此处未汇报。

7.5.2 消费者福利的计量结果

上一小节用很长的篇幅估计出了民航消费者的需求函数，需求函数中参数估计的准确性是本小节进一步估计民航并购对消费者福利影响的基础。民航并购通过影响航空票价和航班频率来影响民航消费者福利。因此，本小节在估计并购前后消费者福利变化外，还估计了并购前后，民航市场价格①的变化和航班频率的变化。但如前面所述，估计并购对市场票价、航班

---

① 注意，这里民航市场票价的变化是指航线层面的票价，与第 5 章分析中飞行产品（航空公司-航线层面）票价的变化不同。

频率、消费者剩余的影响时，不能简单地将并购前后的结果作差，因为作差得出的结果可能是由变量自身的趋势导致的，也可能是由非并购的其他外生因素导致的。为消除这些因素的影响，本小节继续使用双重差分模型进行分析。注意，这里仅考虑受到东上并购和国深并购影响的航线上消费者福利的变化。对处理组与对照组的划分与前面章节一致：在东上并购前东航或上航服务的航线视为东上并购的处理组；在国深并购前国航或深航服务的航线视为国深并购的处理组。并购前东航、上航、国航、深航均未服务的航线为对照组航线。首先，根据式（7.12）估算出航线层面的消费者剩余 $E(CS_m)$。再以不同飞行"产品"上的客运量为权重，求出航线层面的民航票价和航班频率。最后，分别以民航票价、航班频率、消费者福利为因变量，并购及其他解释变量为自变量建立如下航线层面的双重差分模型：

$$\ln AirFare_{mt} = \theta_0 + \theta_1 merger_t + \theta_2 MUFMtreat_{ijt} + \theta_3 merger_t \times MUFMtreat_{ijt}$$
$$+ \beta_4 CAZHtreat_{ijt} + \theta_5 merger_t \times CAZHtreat_{ijt} + \theta_6 \ln routeHHI_{mt}$$
$$+ \theta_7 \ln POP_{mt} + \theta_8 \ln gdp\_per_{mt} + \theta_9 \ln routeHHI_{mt} + \theta_{10} LCC_{mt}$$
$$+ \theta_{11} HSR_{mt} + \theta_{12} HSR2014_{mt} + \theta_{13} tour_{mt} + \theta_{14} \ln Distance_{mt} + \varepsilon_{mt}$$

(7.14)

$$\ln Flight_{mt} = \pi_0 + \pi_1 merger_t + \pi_2 MUFMtreat_{ijt} + \pi_3 merger_t \times MUFMtreat_{ijt}$$
$$+ \pi_4 CAZHtreat_{ijt} + \pi_5 merger_t \times CAZHtreat_{ijt} + \pi_6 \ln routeHHI_{mt}$$
$$+ \pi_7 \ln POP_{mt} + \pi_8 \ln gdp\_per_{mt} + \pi_9 \ln routeHHI_{mt} + \pi_{10} LCC_{mt}$$
$$+ \pi_{11} HSR_{mt} + \pi_{12} tour_{mt} + \pi_{13} \ln Distance_{mt} + \varepsilon_{mt}$$

(7.15)

$$ECS_{mt} = \gamma_0 + \gamma_1 merger_t + \gamma_2 MUFMtreat_{ijt} + \gamma_3 merger_t \times MUFMtreat_{ijt}$$
$$+ \gamma_4 CAZHtreat_{ijt} + \gamma_5 merger_t \times CAZHtreat_{ijt} + \gamma_6 \ln routeHHI_{mt}$$
$$+ \gamma_7 \ln POP_{mt} + \gamma_8 \ln gdp\_per_{mt} + \gamma_9 \ln routeHHI_{mt} + \gamma_{10} LCC_{mt}$$
$$+ \gamma_{11} HSR_{mt} + \gamma_{12} tour_{mt} + \gamma_{13} \ln Distance_{mt} + \varepsilon_{mt}$$

(7.16)

上式中，$\ln AirFare_{mt}$ 是季度市场平均票价的对数值。$\ln Flight_{mt}$ 是季度市场平均航班频率的对数值。式（7.16）可以看作式（7.13）的变形，因为双重差分的过程包含两期处理组间作差的过程，式（7.16）中交互项的系数衡量的是式（7.13）中 $\Delta E(CS_{mt})$ 的值，即并购前后消费者剩余的变化。对式（7.14）、式（7.15）和式（7.16）依次做固定效应回归分析后，得到如表7.9所示的计量结果。

表7.9 所有市场上的平均消费者福利、航班频率和票价变化

民航并购	经济舱			商务舱		
	平均消费者福利变化（每人）	平均航班频率变化	平均票价变化	平均消费者福利变化（每人）	平均航班频率变化	平均票价变化
东上并购	−137.62元	−4.79%	+0.79%	−129.29元	−10.06%	不显著
国深并购	−220.43元	−2.84%	+7.80%	−595.84元	−5.45%	+21.52%

表7.9列出了受两大并购影响的所有市场上的平均消费者福利、航班频率和票价的变化。从表中能够看出，两大并购对商务舱消费者剩余和经济舱消费者剩余均有显著的负影响。受国深并购影响的市场上的平均票价上涨幅度大于受东上并购影响的市场上的平均票价上涨幅度，这与第5章中关于对比两大并购票价效应的结论一致。另外，国深并购中商务舱消费者的平均福利损失更多，这是由式（7.15）中更小的 $|\alpha|$ 值决定的。具体而言，在经济舱数据样本中，受东上并购影响的市场票价显著上升0.79%，但航班频率下降4.79%，导致这些市场上的民航消费者每人损失137.62元消费者剩余。相对应的，受国深并购影响的市场票价显著上升7.80%，航班频率下降2.84%，最终市场上每位消费者福利减少220.43元。而商务舱数据样本中，受东上并购影响的市场平均票价变化不显著，而受国深并购影响的市场平均票价显著升高21.52%。受东上并购影响的航班频率显著下降10.06%，而受国深并购影响的航班频率显著下降5.45%。这导致受国深并购影响的市场上的消费者比受东上并购影响的市场上的消费者的福利损失更大，分别损失129.29元和595.84元。总的来看，由于两大并购后相关市场上航班频率减少或平均票价升高，消费者福利受到损失。

表 7.10 低 HHI 航线上（HHI<4 000）的平均消费者福利、
航班频率和票价变化

民航并购	经济舱			商务舱		
	平均消费者福利变化（每人）	平均航班频率变化	平均票价变化	平均消费者福利变化（每人）	平均航班频率变化	平均票价变化
东上并购	−95.88 元	−3.11%	+3.08%	不显著	−5.02%	不显著
国深并购	−141.68 元	−5.04%	+7.88%	−484.75 元	−5.58%	+17.56%

表7.10继续计算了较低集中度的市场上（HHI<4 000）的消费者福利、航班频率和平均票价的变化。与表7.9的结果对比发现，低集中度市场上导致的消费者损失更少。与第5章结论一致，国深并购引起的票价上涨幅度大于东上并购引起的票价上涨幅度。东上并购和国深并购分别引起经济舱消费者平均福利下降95.88元和141.68元。东上并购并未引起商务舱消费者平均福利的显著变化，但国深并购引起商务舱消费者平均福利下降484.75元。集中度低的市场上，来自其他航空公司和交通工具的有效竞争多，并购后导致市场价格升高幅度小，航班频率下降少。因此，低集中度市场上的消费者福利的损失显著小于所有市场上的消费者福利的平均损失。

表7.11列出了东上并购和国深并购中重叠航线上平均消费者福利、航班频率和票价的变化。从表中可以看出，东上并购后，经济舱平均票价变化不显著，而平均航班频率下降5.12%，造成消费者福利损失56.98元。国深并购后，经济舱平均票价上升13.46%，平均航班频率下降9.62%，消费者福利损失357.49元。商务舱样本中，东上并购未显著造成消费者福利的损失，但国深并购导致商务舱消费者福利损失755.44元。对比表7.9可知，在重叠航线上，东上并购引起的消费者福利损失小于所有航线上消费者福利的平均损失。这可能由两种因素造成。第一，东上并购涉及的重叠航线上，来自其他非并购航空公司的竞争非常激烈，导致东航集团无法利用市场势力抬高票价。第二，东上并购后，东航集团整合资源后，并未显著降低航班频率。因此尽管并购引起了重叠航线上直接竞争者减少，但未对消费者造成明显损害。但国深并购则不同。对比表7.9可知，国深并购在重叠航线上引起的消费者福利下降幅度显著大于其在所有航线上引起的平均消费者福利下降幅度。这是因为国航集

团并购后在重叠航线上缺乏有效竞争，从而大幅涨价，同时降低航班频率。

表7.11 重叠航线上的平均消费者福利、航班频率和票价变化

民航并购	经济舱			商务舱		
	平均消费者福利变化（每人）	平均航班频率变化	平均票价变化	平均消费者福利变化（每人）	平均航班频率变化	平均票价变化
东上并购	-56.98元	-5.12%	不显著	不显著	不显著	不显著
国深并购	-357.49元	-9.62%	+13.46%	-755.44元	-13.35%	+31.94%

表7.12列出了连接三大集团枢纽机场（北京、上海、广州）的市场平均消费者福利、航班频率和票价的变化。与表7.11相似，东上并购并未显著引起这些市场上经济舱乘客、商务舱乘客福利的下降，这是因为东上并购显著降低了这些市场上的票价。这说明，东航集团通过并购在其枢纽机场一定程度上实现了规模经济效应，降低了运营成本，从而降低了市场票价。相反，国深并购显著引起了这些市场上票价的升高和航班频率的下降，造成经济舱消费者平均福利下降241.71元，商务舱消费者平均福利下降737.31元。这说明，国深并购增加了国航集团在其枢纽机场北京首都机场的垄断势力。北京首都机场的进入壁垒相较上海、广州机场更高，由于市场中缺乏充足竞争，造成了市场票价上升和消费者福利的损失。

表7.12 连接三大集团枢纽机场的市场上平均消费者福利、航班频率和票价变化

民航并购	经济舱			商务舱		
	平均消费者福利变化（每人）	平均航班频率变化	平均票价变化	平均消费者福利变化（每人）	平均航班频率变化	平均票价变化
东上并购	不显著	不显著	-2.51%	不显著	-6.49%	-4.75%
国深并购	-241.71元	-5.66%	+9.17%	-737.31元	-3.36%	+14.75%

总结表7.9至表7.12的结果可知，由于并购后市场票价的升高或航班频率的减少，东上并购和国深并购均引起了相关市场上民航消费者福利的损失。然而，国深并购对民航消费者造成的损失要显著大于东上并购，这是因为国深并购涉及的市场缺乏有效竞争。

7.6 结论及讨论

本章首先估计了由消费者效用函数推导出的消费者需求函数，之后使用经典的消费者福利模型和双重差分模型，计算了东上并购和国深并购后相关航线上消费者福利的变化。在估计消费者需求函数的部分，本章发现，经济舱乘客的价格弹性系数约为-0.71，商务舱乘客的价格弹性系数约为-0.2。对民航经济舱消费者效用影响最大的产品属性是民航产品的价格，而对商务舱消费者效用影响最大的产品属性是民航产品的频率。在500千米以下的短途航线中，高铁的进入显著降低了民航经济舱乘客和商务舱乘客的效用，随着航线距离的增加，高铁对民航的影响逐渐减弱。在计算消费者福利的部分，本章发现，东上并购和国深并购均造成了相关市场上消费者福利的损失，这主要是由更高的市场票价或更低的航班频率引起的。在对相关市场进行进一步划分后，本章发现国深并购造成的重叠航线、连接三大航空集团枢纽机场所在城市（北京、上海、广州）的航线，以及低集中度航线上民航消费者的损失要显著大于东上并购在这些市场上对民航消费者造成的损失。

本章结论说明，东上并购和国深并购均引起了相关市场上民航消费者福利的损失。为提高消费者福利，首先，政府应进一步放开对民航市场的管制，增加市场中来自国有、民营及低成本航空公司的有效竞争，降低整个市场的集中度，从而遏制市场票价的过快增长。其次，在中长途航线上，增加航班频率，提高服务质量，从而增强民航企业的竞争力。再次，在有高铁连接的航线上，开发民航与高铁间的合作模式，利用高铁为民航输送更多的客流。最后，尽快建立"中枢轮辐式"网络结构，更好地发挥枢纽机场的作用，以进一步降低民航企业的运营成本。

8 总结与展望

8.1 主要结论

本书基于并购的市场势力理论和效率理论,从航空票价、国际竞争力、多市场接触、消费者福利四个角度实证分析了东上并购和国深并购对中国民航市场的影响。本书得出的主要结论如下:第一,两大并购均显著引起了东航集团和国航集团在国内、国际民航市场上市场势力的上升。第二,两大并购并未显著提高国航、东航、上航、深航在国际民航市场上的竞争力。第三,东上并购和国深并购均显著引起了国内相关航线上价格的上升。并且,短期内东上并购(重叠航线上的并购)引起相关航线上较大幅度的价格上升;但长期看国深并购(互补航线上的并购)引起航线价格上升的幅度更大。第四,东上并购和国深并购均显著引起了多市场接触的上升,并且在利润较高的航线上(前25%)引起了价格串谋。第五,东上并购和国深并购均导致了相关航线上消费者福利的损失。

目前国内对民航并购的研究基本都是定性分析,有限的定量分析主要聚焦在民航并购对价格的影响上。本书基于跨度十年的面板数据,使用双重差分模型、离散选择嵌套 Logit 模型、消费者福利模型等经典模型,使用随机效应回归、固定效应回归、工具变量回归、差分 GMM 回归等研究方法,对中国民航并购的经济学效应做了细致全面的定量分析。另外,现有的关于中国民航并购的文献使用的数据多来自《从统计看民航》,而《从统计看民航》中没有具体而言航空公司-航线层面的相关数据,因此无法对航空公司的竞争行为进行分析。本书的数据来自权威世界运输协会 AirportIS 数据库。数据库中包含航空公司-航线-时间层面的客运量、票价、航班频率等数据,数据的准确度、时间跨度、所包含航线的广泛度使得本书的研究结果比既有文献更加全面、细致。最后，本书的分析考虑了中国民航市场的特殊性，研究结论有助于为国家反垄断机构、地方政府及航空公司管理人员制定决策提供理论和实践的依据。

8.2 政策建议

8.2.1 对航空公司的建议

第一，为提高中国民航企业在国际民航市场上的竞争力，中国航空公司应努力提高服务质量和航班准点率，构建"中枢轮辐式"网络结构。从本书第3章的分析中发现，东上并购和国深并购增强了东航和国航在国际市场中的市场势力，而第4章的分析表明，东上并购和国深并购并未显著增强参与并购的航空公司在国际市场中的竞争力（市场份额）。这说明，两大并购后虽然东航和国航在国际市场中的市场势力上升，但在与其他发达国家航空公司竞争的航线上，仍然没有明显优势。而构建"中枢轮辐式"航线网络结构、提高准点率等服务质量、加入三大航空联盟、适当降低航线票价等措施均有利于加强中国航空公司在国际市场上的竞争力。因此，中国航空公司应致力于提高国际航班的准点率和服务质量，尽快建立"中枢轮辐式"航线网络结构，而不能仅靠较低的票价，来获取国际市场占有率。

第二，为提高中国民航市场上消费者的福利，航空公司应对经济舱乘客和商务舱乘客分开管理、对短距离航线和中长距离航线实行不同的管理策略。本书第7章的分析结果表明，影响经济舱消费者福利的因素与影响商务舱消费者福利的因素不同。经济舱消费者更注重票价，而商务舱消费者更注重航班频率和是否直飞。在短距离（500千米以下）的航线上，由于高铁的竞争对民航经济舱和商务舱消费者效用都造成显著负影响，且民航消费者的价格弹性较大，航空公司提高1%票价将造成客运量下降超过1%，很难实现盈利。因此，航空公司在短距离航线上应降低票价，并适当降低航班频率，将更多的运量转至中长途航线中。在中长途航线上，经济舱乘客和商务舱乘客对票价的敏感性降低，航空公司提价的空间比在短距离航线上大。同时，消费者为多增加一班航班愿意付出的价格随航线距离上升而升高。因此，在中长途航线上，航空公司增加航班频率能够显著提高消费者的福利。

第三，为应对高铁的竞争，航空公司应增强在长距离航线上与高铁的合作。本书第 5 章的分析发现 2014 年后高铁对民航票价的作用由负转正。这说明民航和高铁之间不仅存在竞争关系，还存在合作关系。从第 7 章的分析中发现高铁在短距离航线上（500 千米以下）对民航客运量有显著负效应，而在长距离航线上（1 000 千米以上）则作用减弱。因此中国民航公司应在长距离航线上逐步摸索与高铁间的合作模式。例如，通过在枢纽机场建高铁站，以及"联票"的方式，利用高铁辐射枢纽机场周边城市，将高铁也加入民航"中枢轮辐式"网络的建设中，从而为民航枢纽机场运送更多的客流，形成枢纽机场的规模经济，降低航空公司的运营成本。

8.2.2 对国家反垄断部门的建议

第一，警惕高利润航线上的串谋行为。从本书第 6 章的分析中发现，并购在中国民航市场利润率前 25% 的航线上引发了串谋行为。由于价格串谋行为损害消费者福利和健康的市场结构，航空公司并购后引起的多市场接触的增加需要引起相关决策机构的重视。国深并购虽然是互补航线上的并购，但也显著引起了多市场接触的上升，这主要是由市场中来自其他航空公司的竞争不足引起的。因此，反垄断部门在审批民航并购案例时，不仅要关注航空公司的航线网络结构，还要关注并购后市场中的有效竞争是否充足。在审批包含客运量较高的热门航线的航空并购与航空联盟时，需要特别注意多市场接触的变化，以及其可能引发的价格串谋行为。

第二，审批民航并购案例时，不仅要关注航线网络结构，还要关注并购后效率的变化和市场进入壁垒的变化。既有国外研究认为，重叠航线上的并购导致市场势力和价格的上升，进一步导致消费者福利和社会福利的损失；但互补航线上的并购则能通过效率的提升降低票价、改善消费者福利和社会福利。从本书第 5 章的分析中发现，互补航线上的国深并购在长期中造成的价格的上升幅度显著大于重叠航线上的东上并购。这由两方面原因造成：一是国深并购产生的效率提升的范围和幅度未能抵消市场势力提升的范围和幅度；二是国深并购的市场中缺乏来自竞争者的有效竞争，而进入壁垒又过高，导致新竞争者无法进入，从而引起长期中更大幅度的票价上升。因此，反垄断机构在审批民航并购案例时，不能单纯根据并购航空公司的网络结构做判断，还要综合考虑并购是否能带来及时的、足够的效率的提升，以及并购是否显著造成了市场进入壁垒的增加。

8.2.3 对民航局的建议

本书多个章节的分析结果认为，中国民航局应进一步放开民航市场管制，降低进入壁垒，增加市场中的有效竞争。国内民航市场还处于三大航垄断竞争的市场结构中，小航空公司进入市场，尤其是热门航线尤为困难。例如，春秋航空作为中国最大的低成本航空公司，截至2016年，在中国民航市场的占有额仅有3.7%，而首都机场也未向春秋航空开放航权和机位，导致春秋航空一直未能进入北京市场。多家民营航空公司也由于种种政策限制、航油管制而经营困难、接连倒闭。三大航的垄断局势势必造成市场价格的升高、串谋的形成，以及消费者福利和社会福利的损失。在高铁网络迅速扩张的形势下，这不利于民航应对来自高铁的竞争。事实上，在欧美发达国家，民营航空公司和低成本航空公司占据很大的市场份额，使得飞机出行成为更多消费者能够负担的出行方式。同时，来自民营航空公司和低成本航空公司的竞争也能够促使大型国有航空公司改善服务质量、提高航班准点率。因此，本书认为，中国民航局应进一步放开航空管制，鼓励更多的地方航空、民营航空、低成本航空参与竞争，从而有效降低市场票价，提高消费者福利。

8.3　研究不足和未来展望

由于时间和精力所限，本书的研究尚存在一些待完善之处。在本书写作的过程中，也发现了一些未来值得研究的方向。

首先，本书选取的航空公司是中国民航企业中前十一家规模最大的航空公司，选取的航线是国内市场上客运量前75%的航线，以及国际市场上的部分航线。主要原因是：其一，大航空公司的竞争行为、票价行为等与小航空公司可能很不同，用全部航空公司和全部航线来做分析并不一定合理。其二，客运量很小的航线上航空公司竞争行为、票价行为并不具有代表性。但是，支线航空公司和航线对于中国民航市场的分析也很重要，特别是在中国民航市场从"点对点式"网络向"中枢轮辐式"网络结构转化的过程中。因此在未来的研究中，笔者需要聚焦在本书未包含的规模和客运量较小的支线航空公司和航线上，进一步分析航空公司在这些市场上的竞争行为。

其次，本书只涉及了民航并购对民航消费者福利的影响，未涉及民航并购对高铁消费者福利的影响，以及对整个社会福利的影响。未来研究中，需要将航空公司、铁路部门，以及消费者在同一个框架下建模，通过构建生产者利润最大化函数和消费者效用最大化函数找到社会福利的纳什均衡点，从而得出民航并购对社会福利的影响。

再次，本书发现2014年后高铁对民航票价的显著正向影响，以及2013年后高铁在1 000千米以上的航线上对民航商务舱乘客需求的显著负向影响，未来需要使用更具体而言高铁的客运量数据来验证该结论。目前国内市场空铁合作越来越多，高铁票价也由政府制定逐渐向市场化转变，高铁对民航票价、客运量以及航班频率的影响变得更加多元化。未来应更深入、全面地分析高铁与民航间的动态竞争及合作关系。

最后，本书的政策冲击事件是发生在2010年的两大并购案例。事实上，航空联盟对民航市场的影响与并购对民航市场的影响有很多相似之处。例如，加入航空联盟也可能增加航空公司间的多市场接触。因此，在对民航市场影响的考量中加入航空联盟也是未来研究中需要进一步补充完善的方向。

参考文献

[1] 威斯通，郑光，侯格．兼并、重组与公司控制 [M]．北京：经济科学出版社，1998．

[2] 刁眹．多市场接触对企业间竞争强度影响的探析 [J]．现代管理科学，2008（10）：60-61，109．

[3] 工业和信息化部装备工业司．中国民用航空工业统计年鉴 [M]．北京：中国统计出版社，2015．

[4] 国家统计局城市社会经济调查司．中国城市统计年鉴 [M]．北京：中国统计出版社，2016．

[5] 胡瑞娟．中国民航国内客运市场消费者福利分析 [J]．数理统计与管理，2009，28（6）：1127-1133．

[6] 李青原，田晨阳，唐建新，等．公司横向并购动机：效率理论还是市场势力理论：来自汇源果汁与可口可乐的案例研究 [J]．会计研究，2011（5）：58-64，96．

[7] 李春玲，王彧．并购重组提升中国航空公司国际竞争力研究：以东航并购上航为例 [J]．企业经济，2013，32（3）：110-115．

[8] 李春玲，朱启华．并购重组对航空公司国际竞争力的影响 [J]．财会月刊，2015（35）：111-115．

[9] 芮明杰．产业经济学 [M]．上海：上海财经大学出版社，2016．

[10] 唐兵，田留文，曹锦周．企业并购如何创造价值：基于东航和上航并购重组案例研究 [J]．管理世界，2012（11）：1-8，44．

[11] 王俊豪．产业经济学 [M]．3版．北京：高等教育出版社，2008．

[12] 王彧．并购重组提升中国航空公司国际竞争力机理研究 [D]．北京：中国民航大学，2014．

[13] 吴桐水，余立华，宁宣熙．轮辐式航线网络布局理论及其应用研究

[J]. 西北工业大学学报, 1999 (17): 56-60.

[14] 余东华, 刘滔. 横向并购的单边效应模拟分析: 以东航并购上航案为例 [J]. 财贸研究, 2014, 25 (3): 132-137.

[15] 余东华, 王蒙蒙. 横向并购反垄断审查中的竞争损害模拟分析: 以一汽并购华晨为例 [J]. 财贸研究, 2015, 26 (6): 47-54, 115.

[16] 于嘉. 基于多市场接触竞争理论的中国民航客运价格实证研究 [J]. 山东社会科学, 2013 (3): 167-172.

[17] 于左, 孟昕, 张兴. 拍卖或招投标市场上横向合并的单边效应及其识别: 对甲骨文和仁科公司合并的案例分析 [J]. 中国工业经济, 2013 (5): 135-147.

[18] 曾伏娥, 袁靖波, 郑欣. 多市场接触下的联合非伦理营销行为: 基于市场集中度和产品差异度的二维分析模型 [J]. 中国工业经济, 2014 (6): 109-121.

[19] 中国民航总局. 从统计看民航 [M]. 北京: 中国民航出版社, 2017.

[20] 张琼. 中国民航市场竞争性分析: 基于公司竞争行为和市场力的实证研究 [D]. 北京: 对外经济贸易大学, 2013.

[21] ABADIE A. Semiparametric difference-in-differences estimators [J]. The review of economic studies, 2005, 72 (1): 1-19.

[22] ALBALATE D, BEL G, FAGEDA X. Competition and cooperation between high-speed rail and air transportation services in Europe [J]. Journal of transport geography, 2015 (42): 166-174.

[23] ADRANGI B, CHOW G, GRITTA R. Market structure, market share, and profits in the airline industry [J]. Atlantic economic journal, 1991, 19 (1): 98-98.

[24] ANDERSON J E, KRAUS M. Quality of service and the demand for air travel [J]. The review of economics and statistics, 1981, 63 (4): 533-540.

[25] ARELLANO M, BOVER O. Another look at the instrumental variable estimation of error-components models [J]. Journal of econometrics, 1995, 68 (1): 29-51.

[26] ARMANTIER O, RICHARD O. Domestic airline alliances and consumer

135

welfare [J]. The RAND Journal of economics, 2008, 39（3）: 875-904.

[27] ARELLANO M, BOND S. Some tests of specification for panel data: Monte Carlo evidence and an application to employment equations [J]. The review of economic studies, 1991, 58（2）: 277-297.

[28] ARISS R T. On the implications of market power in banking: Evidence from developing countries [J]. Journal of banking & Finance, 2010, 34（4）: 765-775.

[29] ASHENFELTER O, CARD D. Using the longitudinal structure of earnings to estimate the effect of training programs [J]. Review of economics & statistics, 1985, 67（4）: 648-660.

[30] AUDRETSCH D B, YAMAWAKI H. R & D rivalry, industrial policy, and US-Japanese trade [J]. The review of economics and statistics, 1988, 70（7）: 438-447.

[31] BAILEY E E, LIU D. Airline consolidation and consumer welfare [J]. Eastern economic journal, 1995, 21（4）: 463-476.

[32] BAUM J A C, KORN H J. Competitive dynamics of interfirm rivalry [J]. Academy of management journal, 1996, 39（2）: 255-291.

[33] BAUM J A, KORN H J. Dynamics of dyadic competitive interaction [J]. Strategic management journal, 1999, 20（3）: 251-278.

[34] BAUM C F, SCHAFFER M E, STILLMAN S. Instrumental variables and GMM: estimation and testing [J]. The stata journal, 2003, 3（1）: 1-31.

[35] BERNHEIM B D, WHINSTON M D. Multimarket contact and collusive behaviour [J]. RAND journal of economics, 1990, 21（1）: 1-26.

[36] BEHRENS C, PELS E. Intermodal competition in the London-Paris passenger market: high-speed rail and air transport [J]. Journal of urban economics, 2012, 71（3）: 278-288.

[37] BERRY S T. Estimating discrete-choice models of product differentiation [J]. The RAND journal of economics, 1994, 25（2）: 242-262.

[38] BERRY S, JIA P. Tracing the woes: an empirical analysis of the airline industry [J]. American economic journal: microeconomics, 2010, 2（3）: 1-43.

[39] BERRY S, LEVINSOHN J, PAKES A. Automobile prices in market

equilibrium [J]. Econometrica: journal of the econometric society, 1995, 63 (4): 841-890.

[40] BILOTKACH V, FAGEDA X, FLORES-FILLOL R. Airline consolidation and the distribution of traffic between primary and secondary hubs [J]. Regional science and urban economics, 2013, 43 (6): 951-963.

[41] BLUNDELL R, BOND S. Initial conditions and moment restrictions in dynamic panel data models [J]. Journal of econometrics, 1998, 87 (1): 115-143.

[42] BORENSTEIN S. Hubs and high fares: dominance and market power in the US airline industry [J]. The RAND journal of economics, 1989, 20 (3): 344-365.

[43] BORENSTEIN S. Airline mergers, airport dominance, and market power [J]. The American economic review, 1990: 80 (2): 400-404.

[44] BORENSTEIN S. The evolution of US airline competition [J]. Journal of economic perspectives, 1992, 6 (2): 45-73.

[45] BORENSTEIN S. Repeat-buyer programs in network industries [J]. Networks, 1996: 137-162.

[46] BRANDER J A, ZHANG A. Market conduct in the airline industry: an empirical investigation [J]. The RAND journal of economics, 1990, 21 (4): 567-583.

[47] BRANDER J A, ZHANG A. Dynamic oligopoly behaviour in the airline industry [J]. International journal of industrial organization, 1993, 11 (3): 407-435.

[48] BRESNAHAN T F. The oligopoly solution concept is identified [J]. Economics Letters, 1982, 10 (1-2): 87-92.

[49] BRUECKNER J K, SPILLER P T. Competition and mergers in airline networks [J]. International journal of industrial organization, 1991, 9 (3): 323-342.

[50] BRUECKNER J K, DYER N J, SPILLER P T. Fare determination in airline hub-and-spoke networks [J]. The RAND journal of economics, 1992: 309-333.

[51] BRUECKNER J K, SPILLER P T. Economies of traffic density in the deregulated airline industry [J]. The journal of law and economics, 1994, 37 (2): 379-415.

[52] BRUECKNER J K, LEE D, SINGER E S. Airline competition and domestic US airfares: a comprehensive reappraise [J]. Economics of transportation, 2013, 2 (1): 1-17.

[53] BRUECKNER J K, PELS E. European airline mergers, alliance consolidation, and consumer welfare [J]. Journal of air transport management, 2005, 11 (1): 27-41.

[54] BRUNER R F. Does M&A pay? A survey of evidence for the decision-maker [J]. Journal of applied finance, 2002, 12 (1): 48-68.

[55] CABRAL L M. Horizontal mergers with free-entry: why cost efficiencies may be a weak defense and asset sales a poor remedy [J]. International journal of industrial organization, 2003, 21 (5): 607-623.

[56] CARLTON D, ISRAEL M, MACSWAIN I, et al. Are legacy airline mergers pro-or anti-competitive? Evidence from recent US airline mergers [J]. International journal of industrial organization, 2017.

[57] CASON T N. The strategic value of asymmetric information access for Cournot competitors [J]. Information economics and policy, 1994, 6 (1): 3-24.

[58] CAVES D W, CHRISTENSEN L R, TRETHEWAY M W. Economies of density versus economies of scale: why trunk and local service airline costs differ [J]. The RAND journal of economics, 1984, 15 (4): 471-489.

[59] CHEN Y, GAYLE P G. Mergers and product quality: evidence from the airline industry [J]. International journal of industrial organization, 2019, 62: 96-135.

[60] CHEN Z. Impacts of high-speed rail on domestic air transportation in China [J]. Journal of transport geography, 2017, 62: 184-196.

[61] Statistics Bureau. Chinese City Statistical Yearbook [M]. Beijing: China Statistics Press, 2016.

[62] CILIBERTO F, WILLIAMS J W. Does multimarket contact facilitate tacit collusion? Inference on conduct parameters in the airline industry [J]. The RAND

journal of economics, 2014, 45 (4): 764-791.

[63] CILIBERTO F, WATKINS E, WILLIAMS J W. Collusive pricing patterns in the US airline industry [J]. International journal of industrial organization, 2019, 62: 136-157.

[64] CLARK D P, KASERMAN D L, MELESE F. Domestic market structure and international trade in an open economy [J]. Quarterly review of economics and finance, 1992, 32 (3): 3-16.

[65] CLOUGHERTY J A. US domestic airline mergers: the neglected international determinants [J]. International journal of industrial organization, 2002, 20 (4): 557-576.

[66] CLOUGHERTY J A. The international drivers of domestic airline mergers in twenty nations: integrating industrial organization and international business [J]. Managerial and decision economics, 2006, 27 (1): 75-93.

[67] CLOUGHERTY J A, ZHANG A. Domestic rivalry and export performance: theory and evidence from international airline markets [J]. Canadian journal of economics, 2009, 42 (2): 440-468.

[68] DOBRUSZKES F, DEHON C, GIVONI M. Does European high-speed rail affect the current level of air services? An EU-wide analysis [J]. Transportation research part A, 2014, 69: 461-475.

[69] DOBSON P W, PIGA C A. The impact of mergers on fares structure: Evidence from European low-cost airlines [J]. Economic inquiry, 2013, 51 (2): 1196-1217.

[70] DOI N, OHASHI H. Market structure and product quality: A study of the 2002 Japanese airline merger [J]. International journal of industrial organization, 2019, 62: 158-193.

[71] ECONOMIDES N. The economics of networks [J]. International journal of industrial organization, 1996, 14 (6): 673-699.

[72] EDWARDS C D. Conglomerate bigness as a source of power [M]. Princeton: Princeton University Press, 1955: 331-353.

[73] ENCAOUA D. Liberalizing European airlines: cost and factor productivity evidence [J]. International journal of industrial organization, 1991, 9 (1): 109-

124.

[74] ENCAOUA D, MOREAUX M, PERROT A. Compatibility and competition in airlines demand side network effects [J]. International journal of industrial organization, 1996, 14 (6): 701-726.

[75] EVANS W N, KESSIDES I N. Living by the "Golden Rule": Multimarket contact in the U. S. airline industry [J]. The quarterly journal of economics, 1994, 109 (2): 341-366.

[76] DJOLOV G. The Herfindahl-Hirschman index as a decision guide to business concentration: a statistical exploration [J]. Journal of economic and social measurement, 2013, 38 (3): 201-227.

[77] DRESNER M, LIN J S C, WINDLE R. The impact of low-cost carriers on airport and route competition [J]. Journal of transport economics and policy, 1996, 30 (3): 309-328.

[78] FAGEDA X, PERDIGUERO J. An empirical analysis of a merger between a network and low-cost airlines [J]. Journal of transport economics and policy, 2014, 48 (1): 81-96.

[79] FEINBERG R M. The Lerner index, concentration, and the measurement of market power [J]. Southern economic journal, 1980, 46 (4): 1180-1186.

[80] FISCHER T, KAMERSCHEN D R. Price-cost margins in the US airline industry using a conjectural variation approach [J]. Journal of transport economics and policy, 2003, 37 (2): 227-259.

[81] FU X, OUM T H, CHEN R, et al. Dominant carrier performance and international liberalization-The case of Northeast Asia [J]. Transport policy, 2015, 43: 61-75.

[82] FU X, OUM T H, ZHANG A. Air transport liberalization and its impacts on airline competition and air passenger traffic [J]. Transportation journal, 2010, 49 (4): 24-41.

[83] GIMENO J. Reciprocalthreats in multimarket rivalry: staking out spheres of influence in the US airline industry [J]. Strategic management journal, 1999, 20 (2): 101-128.

[84] GIMENO J. The performance effects of unintended and purposive

multimarket contact [J]. Managerial and decision economics, 2002, 23 (4-5): 209-224.

[85] GIMENO J, WOO C Y. Hypercompetition in a multimarket environment: The role of strategic similarity and multimarket contact in competitive deescalation [J]. Organization science, 1996, 7 (3): 322-341.

[86] GIMENO J, WOO C Y. Multimarket contact, economies of scope, and firm performance [J]. Academy of management journal, 1999, 42 (3): 239-259.

[87] GREENE W H. Econometric analysis [M]. New York: Macmillan, 1990.

[88] HAUSMAN J A. Specification tests in econometrics [J]. Econometrica: journal of the econometric society, 1978, 46 (6): 1251-1271.

[89] HEGGESTAD A A, RHOADES S A. Multi-market interdependence and local market competition in banking [J]. Review of economics and statistics, 1978, 60 (4): 523-532.

[90] HERVANI A A. Can oligopoly power be measured? The case of U. S. old newspapers market [J]. Resources, conservation and recycling, 2005, 44 (4): 293-314.

[91] HICKS J R. The foundations of welfare economics [J]. The economic journal, 1939, 49 (196): 696-712.

[92] HSIAO C. Analysis of panel data [M]. Cambridge: Cambridge university press, 2014.

[93] HOLLIS A. Industrial concentration, output, and trade: an empirical exploration [J]. Review of industrial organization, 2003, 22 (2): 103-119.

[94] HÜSCHELRATH K, MÜLLER K. Airline networks, mergers, and consumer welfare [J]. Journal of transport economics and policy, 2014, 48 (3): 385-407.

[95] HÜSCHELRATH K, MÜLLER K. Market power, efficiencies, and entry evidence from an airline merger [J]. Managerial and decision economics, 2015, 36 (4): 239-255.

[96] ISRAEL M, KEATING B, RUBINFELD D L, et al. Airline network effects and consumer welfare [J]. Review of Network Economics, 2013, 12 (3):

287-322

[97] IVALDI M, MCCULLOUGH G. Railroad pricing and revenue-to-cost margins in the post-staggers era [J]. Research in transportation economics, 2007, 20: 153-178.

[98] IWATA G. Measurement of conjectural variations in oligopoly [J]. econometrica, 1974, 42 (5): 947.

[99] JANS I, ROSENBAUM D I. Multimarket contact and pricing: Evidence from the US cement industry [J]. International journal of industrial organisation, 1997, 15 (3): 391-412.

[100] JAYACHANDRAN S, GIMENO J, VARADARAJAN P R. The theory of multimarket competition: a synthesis and implications for marketing strategy [J]. Journal of marketing, 1999, 63 (3): 49-66.

[101] JOU R C, LAM S H, HENSHER D A, et al. The effect of service quality and price on international airline competition [J]. Transportation research Part E: logistics and transportation review, 2008, 44 (4): 580-592.

[102] KAHAI S K, KASERMAN D L, MAYO J W. Is the dominant firm dominant? An empirical analysis of AT&T's market power [J]. Journal of law and economics, 1996, 39 (2): 499-517.

[103] KARNANI A, WERNERFELT B. Research note and communication: multiple point competition [J]. Strategic management journal, 1985, 6 (1): 87-96.

[104] KIM W S, ESMERALDA O L. Excess market value, the multinational corporation, and Tobin's q-ratio [J]. Journal of international business studies, 1986, 17 (1): 119-125.

[105] KIM E H, SINGAL V. Mergers and market power: evidence from the airline industry [J]. The American economic review, 1993, 83 (3): 549-569.

[106] KIM D, MARION B W. Domestic market structure and performance in global markets: theory and empirical evidence from US food manufacturing industries [J]. Review of industrial organization, 1997, 12 (3): 335-354.

[107] KORN H J, BAUM J A. Chance, imitative, and strategic antecedents to multimarket contact [J]. Academy of management journal, 1999, 42 (2):

171-193.

[108] KREPS D M, SCHEINKMAN J A. Quantity precommitment and Bertrand competition yield Cournot outcomes [J]. The bell journal of economics, 1983, 14 (2): 326-337.

[109] KRUGMAN P. Import protection as export promotion: international competition in the presence of oligopoly and economies of scale [J]. Monopolistic competition and international trade, 1984: 180-93.

[110] KUTLU L, SICKLES R C. Estimation of market power in the presence of firm level inefficiencies [J]. Journal of econometrics, 2012, 168 (1): 141-155.

[111] KURTZ R D, RHOADES S A. A note on the market share-profitability relationship [J]. Review of industrial organization, 1992, 7 (1): 39-50.

[112] KWOKA J, SHUMILKINA E. The price effect of eliminating potential competition: evidence from an airline merger [J]. Journal of industrial economics, 2010, 58 (4): 767-793.

[113] LAU L J. On identifying the degree of competitiveness from industry price and output data [J]. Economics letters, 1982, 10 (1-2): 93-99.

[114] LE H B. An empirical analysis of the price and output effects of the Southwest/AirTran merger [J]. Competition and regulation in network industries, 2016, 17 (3-4): 226-240.

[115] LERNER A P. The concept of monopoly and the measurement of monopoly power [J]. The review of economic studies, 1934, 1 (3): 157-175.

[116] LÉVÊQUE F, SHELANSKI H A. Merger remedies in American and European Union competition law [M]. Cheltenham: Edward Elgar Publishing, 2003.

[117] LEVINE M E. Airline competition in deregulated markets: theory, firm strategy, and public policy [J]. Yale journal on regulation, 1987, 4 (2): 6.

[118] LUO D. The price effects of the Delta/Northwest airline merger [J]. Review of industrial organization, 2014, 44 (1): 27-48.

[119] MA W, WANG Q, YANG H, et al. Is multimarket contact an antitrust concern: a case of China's airline market [J]. Transportation research part A: policy and practice, forthcoming, 2019.

[120] MARVEL H P. Foreign trade and domestic competition [J]. Economic inquiry, 1980, 18 (1): 103-122.

[121] MAZZEO M J. Competition and service quality in the US airline industry [J]. Review of industrial organization, 2003, 22 (4): 275-296.

[122] MCFADDEN D. Conditionallogit analysis of qualitative choice behavior [J]. Frontiers in econometrics, 1973: 105-142.

[123] MCFADDEN D. Modeling the choice of residential location [J]. Transportation research record, 1978: 673.

[124] MIZUTANI J. Airline merger and competition in Japan: a conduct parameter and theoretical price approach [J]. Journal of air transport management, 2011, 17 (2): 120-124.

[125] MORRISON S A. Airline mergers: a longer view [J]. Journal of transport economics and policy, 1996, 30 (3): 237-250.

[126] MORRISON S A. Actual, adjacent, and potential competition estimating the full effect of Southwest Airlines [J]. Journal of transport economics and policy, 2001, 35 (2): 239-256.

[127] MORRISON S A, WINSTON C. Empirical implications and tests of the contestability hypothesis [J]. The journal of law and economics, 1987, 30 (1): 53-66.

[128] MORRISON S A, WINSTON C. Airline deregulation and public policy [J]. Science, 1989, 245: 707-711.

[129] MORRISON S A, WINSTON C, BAILEY E E, et al. Causes and consequences of airline fare wars [J]. Microeconomics, 1996: 85-131.

[130] MURAKAMI H. Empirical analysis of interfirm rivalry between Japanese full-service and low-cost carriers [J]. Pacific economic review, 2011, 16 (1): 103-119.

[131] NEVO A. A practitioner's guide to estimation of random-coefficients logit models of demand [J]. Journal of economics & management strategy, 2000, 9 (4): 513-548.

[132] NGUYEN M, SKULLY M, PERERA S. Market power, revenue diversification and bank stability: evidence from selected South Asian countries

[J]. Journal of international financial markets, institutions and money, 2012, 22 (4): 897-912.

[133] NILSSEN T, SØRGARD L. Sequential horizontal mergers [J]. European economic review, 1998, 42 (9): 1683-1702.

[134] NORMAN V D, STRANDENES S. Deregulation of Scandinavian airlines: a case study of the Oslo-Stockholm route [M]. Chicago: University Of Chicago Press, 1994.

[135] OLIVER A M, FUMÁS V S, SAURINA J. Risk premium and market power in credit markets [J]. Economics letters, 2006, 93 (3): 450-456.

[136] OUM T H, TAYLOR A J, ZHANG A. Strategic airline policy in the globalizing airline networks [J]. Transportation journal, 1993, 32 (3): 14-30.

[137] OUM T H, YU C. A productivity comparison of the world's major airlines [J]. Journal of air transport management, 1995, 2 (3-4): 181-195.

[138] PAGAN A R, HALL A D. Diagnostic tests as residual analysis [J]. Econometric reviews, 1983, 2 (2): 159-218.

[139] PAGOULATOS E, SORENSEN R. Foreign trade, concentration and profitability in open economies [J]. European economic review, 1976, 8 (3): 255-267.

[140] PETERS C. Evaluating the performance of merger simulation: evidence from the US airline industry [J]. The journal of law and economics, 2006, 49 (2): 627-649.

[141] PORTER M E. Competitive strategy [M]. New York: Free Press, 1980.

[142] PORTER M E. Competitive advantage [M]. New York: Free Press, 1985.

[143] PORTER M E. New global strategies for competitive advantage [J]. Planning review, 1990, 18 (3): 4-14.

[144] PRINCE J T, SIMON D H. Multimarket contact and service quality: evidence from on-time performance in the US airline industry [J]. Academy of management journal, 2009, 52 (2): 336-354.

[145] PRINCE J T, SIMON D H. The impact of mergers on quality provision:

Evidence from the airline industry [J]. The journal of industrial economics, 2017, 65 (2): 336-362.

[146] RAY E J. The determinants of tariff and nontariff trade restrictions in the United States [J]. Journal of political economy, 1981, 89 (1): 105-121.

[147] RICHARD O. Flight frequency and mergers in airline markets [J]. International journal of industrial organization, 2003, 21 (6): 907-922.

[148] ROODMAN D. How to do xtabond2: an introduction to difference and system GMM in Stata [J]. The stata journal, 2009, 9 (1): 86-136.

[149] SAKAKIBARA M, PORTER M E. Competing at home to win abroad: evidence from Japanese industry [J]. Review of economics and statistics, 2001, 83 (2): 310-322.

[150] SANDLER R D. Marketshare instability in commercial airline markets and the impact of deregulation [J]. Journal of industrial economics, 1988, 36 (3): 327-335.

[151] SCOTT J T. Purposive diversification and economic performance [M]. Cambridge: Cambridge University Press, 1993.

[152] SCHERER F M. Industrial market structure and economic performance [M]. Chicago: Rand McNally, 1970.

[153] SINGAL V. Airline mergers and multimarket contact [J]. Managerial and decision economics, 1996, 17 (6): 559-574.

[154] SLOVIN M B, SUSHKA M E, HUDSON C D. Deregulation, contestability, and airline acquisitions [J]. Journal of financial economics, 1991, 30 (2): 231-251.

[155] SPAGNOLO G. Oninterdependent supergames: multimarket contact, concavity and collusion [J]. Journal of economic theory, 1999, 89 (1): 127-139.

[156] SPECTOR D. Horizontal mergers, entry, and efficiency defences [J]. International journal of industrial organization, 2003, 21 (10): 1591-1600.

[157] Civil Aviation Administration of China. Statistics data on civil aviation of China [M]. Beijing: China Aviation Press, 2015.

[158] STEVEN A B, YAZDI A A, DRESNER M. Mergers and service

quality in the airline industry: a silver lining for air travelers? [J]. Transportation research part E: logistics and transportation review, 2016, 89: 1-13.

[159] SMALL K A, ROSEN H S. Applied welfare economics with discrete choice models [J]. Econometrica: journal of the econometric society, 1981, 49 (1): 105-130.

[160] THURSTONE T G. Learning to think series [J]. Science research associates, 1972.

[161] TOWN R J. Merger waves and the structure of merger and acquisition time-series [J]. Journal of applied econometrics, 1992, 7 (S1): S83-S100.

[162] TRAUTWEIN F. Merger motives and merger prescriptions [J]. Strategic management Journal, 1990, 11 (4): 283-295.

[163] VAZE V, LUO T, HARDER R. Impacts of airline mergers on passenger welfare [J]. Transportation research part E: logistics and transportation review, 2017, 101: 130-154.

[164] VELDHUIS J. Impacts of the Air France-KLM merger for airlines, airports and air transport users [J]. Journal of air transport management, 2005, 11 (1): 9-18.

[165] WALDFOGEL J, WULF J. Measuring the effect of multimarket contact on competition: evidence from mergers following radio broadcast ownership deregulation [J]. The BE journal of economic analysis & policy, 2006, 5 (1): 17-17.

[166] WANG K, FAN X, FU X, et al. Benchmarking the performance of Chinese airlines: an investigation of productivity, yield and cost competitiveness [J]. Journal of air transport management, 2014, 38: 3-14.

[167] WEISMAN E. Trade in services and imperfect competition: application to international aviation [J]. Journal of economic literature, 1990, 29 (4).

[168] WERDEN G J, JOSKOW A S, JOHNSON R L. The effects of mergers on price and output: two case studies from the airline industry [J]. Managerial and decision economics, 1991, 12 (5): 341-352.

[169] WERDEN G J, FROEB L M. The entry-inducing effects of horizontal mergers: an exploratory analysis [J]. The journal of industrial economics, 1998,

46 (4): 525-543.

[170] WERDEN G J, FROEB L M. Unilateral competitive effects of horizontal mergers [M]. Cambridge: MIT Press, 2008.

[171] WINDLE R J, DRESNER M E. The short and long run effects of entry on US domestic air routes [J]. Transportation journal, 1995, 35 (2): 14-25.

[172] WINDLE R, DRESNER M. Competitive responses to low cost carrier entry [J]. Transportation research part E: logistics and transportation review, 1999, 35 (1): 59-75.

[173] WOLAK FA, KOLSTAD C D. Measuring relative market power in the western U. S. coal market using shapley values [J]. Resources and energy, 1988, 10 (4): 293-314.

[174] WOOLDRIDGE J M. Econometric analysis of cross section and panel data [M]. Cambridge: MIT press, 2002.

[175] YAN J, FU X, OUM T H, et al. Airline horizontal mergers and productivity: empirical evidence from a quasi-natural experiment in China [J]. International journal of industrial organization, 2019, 62: 358-376.

[176] YANG L, GUO L, TAN Z. Comparison and analysis of several market power assessment indices for power generation company [J]. Power system technology, 2005, 2: 28-33.

[177] ZHANG Q, YANG H, WANG Q. Market conduct of the three busiest airline routes in China [J]. Journal of transport economics and policy, 2013, 47 (3): 335-347.

[178] ZHANG Q, YANG H, WANG Q, et al. Market power and its determinants in the Chinese airline industry [J]. Transportation research part A: policy and practice, 2014, 64: 1-13.

[179] ZHANG Y, ROUND D K. The effects of China's airline mergers on prices [J]. Journal of air transport management, 2009, 15 (6): 315-323.

[180] ZHANG Y, ROUND D K. Price wars and price collusion in China's airline markets [J]. International journal of industrial organization, 2011, 29 (4): 361-372.

[181] ZHANG Y, ZHANG A. Determinants of air passenger flows in China

and gravity model: deregulation, LCCs, and high-speed rail [J]. Journal of transport economics and policy, 2016, 50 (3): 287-303.

[182] ZOU L, DRESNER M, WINDLE R. Many fields of battle how cost structure affects competition across multiple markets [J]. Journal of transport economics and policy, 2011, 45 (1): 21-40.

[183] ZOU, YU C, DRESNER M. Multimarket contact, alliance membership, and prices in international airline markets [J]. Transportation research part E: logistics and transportation review, 2012, 48 (2): 555-565.

附录 A 样本中国内航线列表
（以客运量大小排列）

北京—上海，上海—深圳，成都—北京，广州—上海，广州—北京，北京—深圳，成都—上海，上海—厦门，广州—成都，广州—杭州，北京—西安，重庆—上海，杭州—北京，昆明—北京，景洪—昆明，成都—深圳，上海—青岛，重庆—北京，上海—西安，广州—重庆，重庆—深圳，杭州—深圳，大连—北京，上海—沈阳，长沙—北京，大连—上海，广州—海口，哈尔滨—北京，北京—三亚，北京—乌鲁木齐，成都—昆明，北京—厦门，上海—三亚，昆明—上海，长沙—上海，哈尔滨—上海，广州—南京，广州—西安，上海—武汉，广州—昆明，重庆—昆明，北京—武汉，长春—北京，北京—青岛，长春—上海，喀什—乌鲁木齐，海口—北京，郑州—上海，上海—天津，深圳—西安，北京—沈阳，海口—深圳，南京—深圳，广州—三亚，成都—拉萨，郑州—昆明，广州—贵阳，昆明—深圳，贵阳—北京，广州—厦门，呼和浩特—北京，贵阳—上海，北京—烟台，福州—上海，乌鲁木齐—西安，杭州—西安，福州—北京，成都—西安，兰州—北京，昆明—西安，成都—乌鲁木齐，成都—三亚，广州—温州，上海—烟台，榆林—西安，成都—杭州，贵阳—深圳，银川—北京，南昌—北京，南宁—北京，昆明—丽江，重庆—三亚，杭州—昆明，上海—乌鲁木齐，海口—上海，桂林—上海，北京—温州，南京—北京，长沙—昆明，郑州—深圳，重庆—杭州，成都—南京，昆明—芒市，成都—九寨沟，南宁—上海，重庆—西安，广州—郑州，西安—西宁，上海—太原，郑州—乌鲁木齐，长沙—厦门，广州—济南，广州—天津，广州—合肥，银川—西安，广州—宁波，广州—南昌，广州—武汉，广州—福州，上海—珠海，宁波—北京，郑州—杭州，库尔勒—乌鲁木齐，昆明—武汉，成都—武汉，重庆—南京，重庆—长沙，成都—贵阳，杭州—三亚，阿克苏—乌鲁木齐，杭州—长沙，南昌—

附录A 样本中国内航线列表（以客运量大小排列）

上海，包头—北京，兰州—西安，哈尔滨—青岛，乌鲁木齐—银川，武汉—厦门，和田—乌鲁木齐，成都—长沙，广州—青岛，广州—南宁，深圳—天津，南京—厦门，杭州—青岛，广州—无锡，长沙—三亚，南昌—深圳，广州—太原，重庆—海口，上海—温州，广州—沈阳，北京—珠海，合肥—深圳，郑州—重庆，昆明—厦门，深圳—武汉，北京—西宁，深圳—无锡，南宁—深圳，郑州—成都，兰州—上海，郑州—三亚，呼伦贝尔—北京，南京—西安，成都—丽江，上海—揭阳，深圳—济南，杭州—沈阳，重庆—丽江，昆明—南京，广州—乌鲁木齐，杭州—贵阳，上海—石家庄，重庆—拉萨，三亚—深圳，海口—长沙，郑州—厦门，重庆—厦门，大连—青岛，大连—南京，重庆—济南，杭州—厦门，成都—青岛，郑州—海口，桂林—北京，泉州—上海，大连—天津，重庆—乌鲁木齐，杭州—武汉，大连—杭州，成都—天津，青岛—西安，重庆—武汉，济南—西安，长沙—南京，景洪—丽江，桂林—西安，合肥—厦门，成都—济南，海口—杭州，长沙—西安，广州—义乌，广州—哈尔滨，贵阳—西安，海口—武汉，三亚—武汉，宁波—深圳，北京—太原，天津—西安，沈阳—青岛，合肥—北京，长沙—贵阳，重庆—温州，深圳—青岛，鄂尔多斯—北京，成都—无锡，三亚—西安，杭州—太原，哈尔滨—济南，西安—厦门，成都—厦门，杭州—天津，天津—厦门，广州—长春，哈尔滨—深圳，杭州—桂林，福州—长沙，合肥—昆明，成都—兰州，银川—上海，南昌—昆明，广州—揭阳，福州—南京，昆明—贵阳，桂林—厦门，广州—桂林，兰州—乌鲁木齐，昆明—南宁，成都—南宁，青岛—武汉，昆明—济南，北京—无锡，郑州—大连，哈尔滨—天津，成都—合肥，贵阳—武汉，南京—沈阳，广州—大连，成都—太原，深圳—太原，长春—青岛，重庆—天津，温州—武汉，郑州—贵阳，深圳—厦门，成都—海口，成都—石家庄，大庆—北京，贵阳—南京，重庆—桂林，大连—西安，贵阳—三亚，海口—昆明，桂林—深圳，天津—武汉，海口—南昌，重庆—贵阳，南京—三亚，沈阳—深圳，北京—延吉，成都—温州，南宁—武汉，广州 石家庄，昆明—腾冲，重庆—合肥，长沙—南宁，桂林—南京，成都—南昌，大连—济南，宁波—青岛，海口—南京，深圳—温州，呼和浩特—上海，武夷山—厦门，昆明—太原，长沙—宁波，长沙—天津，重庆—南宁，上海—济南，重庆—九寨沟。

附录 B 样本中国际航线目的地列表

阿布扎比，阿拉木图，巴库，巴厘岛，芭堤雅，槟城，阿伯丁，阿纳帕，埃克塞特，埃森，敖德萨，埃德蒙顿，安克雷奇，奥克兰（美国），奥兰多，奥兰多赫恩登，奥斯汀，阿比让，阿德莱德，比什凯克，布哈拉，贝尔法斯特，巴塞罗那，伯明翰，波恩，波鸿，波茨坦，波尔图，毕尔巴鄂，布鲁塞尔，布加勒斯特，布里斯托尔，布拉格，贝尔格莱德，贝尔热拉克，博伊西，波特兰，波兹曼，班珠尔，德累斯顿，多特蒙德，杜伊斯堡，杜塞尔多夫，丹佛，达拉斯，蒂华纳，达喀尔，达尔文，俄斯特拉发，佛罗伦萨，丰沙尔，法鲁，格拉斯哥，哥德堡，哈根，汉诺威，海德堡，霍夫，哈巴罗夫斯克，基辅，基尔，菲尼克斯，弗里敦，金沙萨，霍巴特，汉密尔顿，黄金海岸，惠灵顿，基督城，甘贾，函馆，加尔各答，静冈，科伦坡，琅勃拉邦，鹿儿岛，兰卡威，孟买，马累，清莱，齐姆肯特，沙巴，苏梅岛，宿务，斯里巴加湾，塔什干，万象，西哈努克，暹粒，科隆，康诺特，克拉斯诺亚尔斯克，里昂，里加，雷恩，鹿特丹，里斯本，伦敦斯坦斯特德，伦敦盖特威克，伦敦城市，马拉加，马赛，曼彻斯特，马恩岛，莫斯科，纽伦堡，尼斯，纽基，南特，南安普敦，诺里奇，帕德博恩，斯图加特，萨尔布吕肯，萨格勒布，图卢兹，威尼斯，新西伯利亚，伊尔库兹克，伊斯坦布尔，因弗内斯，泽西岛，魁北克市，堪萨斯城，卡尔加里，拉斯维加斯，雷诺，雷湾，里约，米苏拉，迈阿密，蒙特利尔，蒙克顿，墨西哥城，明尼阿波利斯，匹兹堡，帕斯科，普尔曼，斯波坎，萨克拉门托，圣地亚哥，圣何塞，圣约翰斯，圣迭戈，圣路易斯，塞班，渥太华，温尼伯，休斯敦，夏洛特，尤金，盐湖城，科纳尔里，卡塞布兰卡，罗安达，蒙罗维亚，内罗毕，雅温得，堪培拉，朗塞斯顿，珀斯。

附录 C 三大联盟航空公司列表

星空联盟	加拿大航空、巴西航空、新西兰航空、全日空航空、奥地利航空、新加坡航空、英伦航空、墨西哥航空、韩亚航空、西班牙航空、波兰航空、墨西哥航空、全美航空、亚德里亚航空、蓝一航空、克罗地亚航空、葡萄牙航空、瑞士航空、南非航空、巴西航空、中国国航、深圳航空、土耳其航空、埃及航空、美国大陆航空、布鲁塞尔航空、巴西天马航空、爱琴航空、长荣航空、印度航空
天合联盟	俄罗斯航空、墨西哥国际航空、欧罗巴航空、法国航空、意大利航空、台湾中华航空、中国东航、上海航空、厦门航空、捷克航空、达美航空、肯尼亚航空、荷兰皇家航空、大韩航空、罗马尼亚航空、越南航空、沙特阿拉伯航空、黎巴嫩中东航空、阿根廷航空、印尼鹰航
寰宇一家	美国航空、英国航空、国泰航空、澳洲航空、芬兰航空、西班牙国家航空、约旦皇家航空、日本航空、港龙航空、墨西哥航空、西伯利亚航空、马来西亚航空、卡塔尔航空、斯里兰卡航空、智利国家航空、巴西天马航空